Der Faschismus in Europa

**Zeitgeschichte
im Gespräch
Band 20**

Herausgegeben vom
Institut für Zeitgeschichte

Redaktion:
Bernhard Gotto und Thomas Schlemmer

Der Faschismus in Europa

Wege der Forschung

Herausgegeben von
Thomas Schlemmer und Hans Woller

ISBN 978-3-486-77843-4
eISBN 978-3-486-85906-5
ISSN 2190-2054

Bibliografische Information der Deutschen Nationalbibliothek
Die Deutsche Nationalbibliothek verzeichnet diese Publikation in der Deutschen Nationalbibliografie; detaillierte bibliografische Daten sind im Internet über http://dnb.dnb.de abrufbar.

Library of Congress Cataloging-in-Publication Data
A CIP catalog record for this book has been applied for at the Library of Congress.

© 2014 Oldenbourg Wissenschaftsverlag GmbH
Rosenheimer Straße 143, 81671 München, Deutschland
www.degruyter.com
Ein Unternehmen von De Gruyter

Titelbild: Briefmarke der Deutschen Reichspost, 1941
Einbandgestaltung: hauser lacour

Gedruckt in Deutschland
Dieses Papier ist alterungsbeständig nach DIN/ISO 9706.

Inhalt

Thomas Schlemmer und Hans Woller
Politischer Deutungskampf und wissenschaftliche Deutungsmacht
Konjunkturen der Faschismusforschung 7

Roger Griffin
Palingenetischer Ultranationalismus. Die Geburtswehen einer neuen
Faschismusdeutung 17

Robert O. Paxton
Kultur und Zivilgesellschaft im Faschismus 35

Fernando Esposito
Faschismus und Moderne 45

Martin Baumeister
Faschismus als „politische Religion" 59

Sven Reichardt
Faschistische Tatgemeinschaften. Anmerkungen zu einer
praxeologischen Analyse 73

Emilio Gentile
Der „neue Mensch" des Faschismus. Reflexionen über ein totalitäres
Experiment 89

Maurizio Bach
Mussolini und Hitler als charismatische Führer. Was kann Max
Webers Modell der charismatischen Herrschaft zur Erklärung
der Dynamik faschistischer Bewegungen beitragen? 107

Thomas Schlemmer und Hans Woller
Essenz oder Konsequenz? Zur Bedeutung von Rassismus und
Antisemitismus für den Faschismus 123

Abkürzungen 145
Autoren 146

Thomas Schlemmer und Hans Woller
Politischer Deutungskampf und wissenschaftliche Deutungsmacht
Konjunkturen der Faschismusforschung

1. Analyse, Betroffenheit und politische Konkurrenz

Am Anfang war Mussolini. Das heißt nicht mehr und nicht weniger, als dass die Geschichte der Faschismusforschung so alt ist wie die Geschichte des italienischen Faschismus selbst, die im März 1919 mit der Gründung der *Fasci di combattimento* ihren Anfang nahm. Ihre Protagonisten waren zunächst vor allem Gegner des *Duce*. Diese Antifaschisten kommunistischer, sozialistischer und liberaler Provenienz wollten sich einen Begriff machen von dem, was in Italien vor sich ging und was in ihren Augen auch anderen Staaten Europas bevorstand[1]. Ihre unmittelbare Betroffenheit und der politische Deutungskampf um den Faschismus, der rasch entbrannte und mit harten Bandagen geführt wurde, kennzeichneten die gesamte erste Etappe in der Geschichte der Debatte über den Faschismus, die nach der sogenannten Machtergreifung Hitlers 1933 weiter Auftrieb erhielt und seither nicht zur Ruhe gekommen ist. Die alten Texte eines Luigi Salvatorelli, eines Franz Borkenau, eines Ernst Bloch[2] oder eines Angelo Tasca[3] sind nicht zuletzt wegen ihres existenziellen Ernsts noch heute lesenswert. Diese Autoren wollten ihre Gegner und Feinde kennen, um sie besser verstehen und bekämpfen zu können.

Der wissenschaftliche Ertrag musste unter der bedrohlichen Nähe zum Gegenstand nicht zwingend leiden; er war im Gegenteil nicht selten hoch und oft von bleibendem Wert. Das gilt für die durch Augenschein erfasste Faktizität des Faschismus, nicht weniger aber für die ersten Einordnungsversuche und vor allem für die anregenden Fragen, die bis heute maßgeblich

---

[1] Einen guten Überblick über die Faschismusdiskussion bietet Arnd Bauerkämper, Der Faschismus in Europa 1918–1945, Stuttgart 2006, S. 13–46. Zur frühen Auseinandersetzung mit dem Faschismus vgl. auch Ernst Nolte, Zeitgenössische Theorien über den Faschismus, in: VfZ 15 (1967), S. 247–268.
[2] Vgl. Luigi Salvatorelli, Nationalfaschismus; Franz Borkenau, Zur Soziologie des Faschismus; Ernst Bloch, Der Faschismus als Erscheinungsform der Ungleichzeitigkeit, in: Ernst Nolte (Hrsg.), Theorien über den Faschismus, Königstein ⁶1984, S. 118–137, S. 156–181 und S. 182–204.
[3] Vgl. A. Rossi (Pseudonym von Angelo Tasca), La naissance du fascisme. L'Italie de 1918 a 1922, Paris 1938.

geblieben sind – Fragen nach den historischen Wurzeln, nach der sozialen Basis, nach dem Stellenwert von Ideologie und Programm sowie nach der gesellschaftlichen Funktion des Faschismus in Europa. Aus diesen Fragen ergaben sich schon damals zwei weitere: Kann man vom Faschismus überhaupt als allgemeinem Phänomen sprechen? Und: Wie weit trägt ein generischer Faschismusbegriff?

Es versteht sich von selbst, dass die Vertreter dieser ersten Generation auch viele Irrwege beschritten. Ins Abseits manövrierten sich insbesondere Autoren streng marxistischer Observanz, die auf einem kausalen Exklusivnexus von Kapitalismus und Faschismus bestanden und damit auch demokratische Staaten pauschal unter Faschismusverdacht stellten[4]. Politische Verwertungsabsicht und historischer Präsentismus waren dabei ebenso mit Händen zu greifen wie bei der Totalitarismustheorie, die ebenfalls aus der direkten Konfrontation mit den neuartigen Formen diktatorischer Herrschaft entstand und vor Irrungen ebenso wenig gefeit war; Hannah Arendts apodiktisches Fehlurteil, die faschistische Diktatur habe zumindest bis 1938 „noch keine eigentlich totalitären Züge" getragen, ist nur ein Beispiel dafür[5].

Überhaupt wird man sagen müssen, dass die Totalitarismustheorie, wie sie Carl Joachim Friedrich und Zbigniew Brzezinski nach Hannah Arendt entwickelt haben[6], im Zeichen des Kalten Krieges rasch zu einem konkurrierenden Interpretationsmodell des Faschismus avancierte[7]. Es hat sich eingebürgert, diese Konkurrenz als überspannt und steril zu bezeichnen und damit *en passant* die zweite bedeutende Etappe der Faschismusforschung und Faschismusdebatte zwischen 1945 und 1980 zu entwerten. In Wahrheit hatte auch der Deutungsstreit dieser Etappe einen enormen wissenschaftlichen Mehrwert. In dieser Zeit entstanden die ersten großen Gesamtdarstellungen über den „Faschismus in seiner Epoche"[8], mit denen eine wissenschaftliche Rehabilitierung des generischen Faschismusbegriffs verbunden war, den das

---

[4] Vgl. Leonid Luks, Entstehung der kommunistischen Faschismustheorie. Die Auseinandersetzung der Komintern mit Faschismus und Nationalsozialismus 1921–1935, Stuttgart 1984, S. 130–163.
[5] Hannah Arendt, Elemente und Ursprünge totaler Herrschaft, Bd. 2: Imperialismus, Frankfurt a. M. u. a. 1975, S. 207.
[6] Vgl. Carl Joachim Friedrich, Totalitäre Diktatur, verfasst unter Mitarbeit von Zbigniew K. Brzezinski, Stuttgart 1957.
[7] Vgl. Totalitarismus und Faschismus. Eine wissenschaftliche und politische Begriffskontroverse. Kolloquium im Institut für Zeitgeschichte am 24. November 1978, München/Wien 1980.
[8] Prägend sicherlich: Ernst Nolte, Der Faschismus in seiner Epoche. Action française, italienischer Faschismus, Nationalsozialismus, München/Zürich ⁶1984.

politische Tagesgeschäft verschlissen hatte. Außerdem wurden damals – in der giftigen Konkurrenz zwischen Verfechtern des Totalitarismus- und des Faschismusbegriffs – zahlreiche wertvolle empirische Untersuchungen und viele theorieorientierte vergleichende Forschungen vorgelegt, die trotz mancher Schwächen zu Referenzwerken geworden sind[9].

Nicht vergessen sollte man schließlich, dass in den 1960er und 1970er Jahren die Grenzen nationaler Selbstbezogenheit wenigstens ansatzweise überwunden wurden, dass – mit anderen Worten – ein loses Netzwerk internationaler Faschismusforscher entstand, das Entscheidendes zu Austausch und Transfer beigetragen hat[10]. Stanley Payne feierte damals ebenso sein Debüt wie Robert Paxton, Renzo De Felice, Ernst Nolte, Adrian Lyttelton, Tim Mason und Wolfgang Schieder, um nur einige Forscher zu nennen, deren Werke bis heute ihren Rang behaupten, auch wenn sich ihre Autoren nie einig waren, wie das Phänomen des Faschismus zu charakterisieren sei; der eine oder andere plädierte sogar dafür, Faschismus als Gattungsbegriff ganz aufzugeben[11].

Nach dieser zweiten Etappe, so sagt man, seien die Helden müde geworden; es sei zumindest im deutschen Sprachraum fast zu einem Stillstand der Faschismusforschung und Faschismusdebatte gekommen. Historiker aus Großbritannien und den USA seien dagegen weiter am Ball geblieben und zu bemerkenswerten neuen Einsichten gelangt, die man allerdings in der Bundesrepublik Deutschland, in Österreich, aber auch in Italien souverän ignoriert habe[12]. Autoren wie Roger Eatwell[13], Stanley Payne[14],

---

[9] Ein Schlaglicht auf die Debatte und auf heute – oft zu Unrecht vergessene – Studien der 1960er und 1970er Jahre werfen zwei Forschungsberichte von Wolfgang Schieder, Faschismus und kein Ende?, in: NPL 15 (1970), S. 166–187, und Betrand Pretz/Hans Safrian, Wege und Irrwege der Faschismusforschung, in: Zeitgeschichte 8 (1980/81), S. 437–459.

[10] Vgl. die seinerzeit viel beachteten Sammelbände Internationaler Faschismus 1920–1945, München 1966 (erstmals im selben Jahr im JCH erschienen); George L. Mosse (Hrsg.), International Fascism. New Thougts and New Approaches, London/Beverly Hills 1979; Walter Laqueur (Hrsg.), Fascism: A Reader's Guide. Analyses, Interpretations, Bibliography, Berkeley/Los Angeles 1976; Wolfgang Schieder (Hrsg.), Faschismus als soziale Bewegung. Deutschland und Italien im Vergleich, Hamburg 1976.

[11] Am eindeutigsten vielleicht Renzo De Felice, Der Faschismus. Ein Interview von Michael A. Ledeen, Stuttgart 1977, S. 88–92.

[12] Vgl. Sven Reichardt, Was mit dem Faschismus passiert ist. Ein Literaturbericht zur internationalen Faschismusforschung seit 1990, in: NPL 49 (2004), S. 385–406, hier S. 385f.

[13] Vgl. Roger Eatwell, Fascism. A History, London 1995.

[14] Vgl. Stanley Payne, Geschichte des Faschismus. Aufstieg und Fall einer europäischen Bewegung, München/Berlin 2001.

Michael Mann[15], vor allem aber Robert Paxton[16] und Roger Griffin haben die empirische Forschung in der Tat bereichert und die theoretische Reflexion stark befruchtet. Griffins berühmte Hauptthese, der Faschismus sei eine Art politischer Ideologie, deren mythischer Kern die Wiedergeburt im Zeichen eines populistischen Ultranationalismus gewesen sei, hat eine ungewöhnlich breite internationale Diskussion ausgelöst und viel Zustimmung erfahren[17].

Dabei wird aber leicht übersehen, dass die genannten Autoren vieles aufnahmen und weiterentwickelten, was ansatzweise so oder so ähnlich bereits Emilio Gentile, Zeev Sternhell oder Ernst Nolte geschrieben hatten[18]. Auch Roger Griffins Bücher stehen also – bei aller bewundernswerten Originalität – in vielfacher Kontinuität zur älteren ideengeschichtlichen Faschismusforschung. Sie wurden im deutschsprachigen Raum und in Italien auch nicht ignoriert, sondern – vielleicht mit einer gewissen Zeitverzögerung – in allen größeren einschlägigen Studien angemessen und ebenso kritisch rezipiert wie in den USA und in Großbritannien[19].

Hinzu kommt, dass der Faschismus nach den hitzigen Debatten der 1960er und 1970er Jahre auch hierzulande mitnichten von der Forschungsagenda verschwand. Gewiss, die Geschichtswissenschaft im geteilten Deutschland litt lange Zeit unter der Systemkonfrontation zwischen Ost und West, wobei sich insbesondere die Historiker in der DDR in den Schützengräben der unproduktiven marxistischen Orthodoxie verbarrikadierten[20]. Richtig ist auch, dass sich die westdeutsche Historiographie in den 1980er Jahren mit neuem Interesse dem Nationalsozialismus zuwandte und sich nach 1990 zeitweise auf den zusammengebrochenen SED-Staat und auf Osteuropa konzentrierte. Im Windschatten dieser Konjunkturen – und zum Teil auch

---

[15] Vgl. Michael Mann, Fascists, Cambridge u. a. 2004.
[16] Vgl. Robert O. Paxton, Anatomie des Faschismus, München 2006.
[17] Vgl. Roger Griffin, The Nature of Fascism, London 1991.
[18] Diese Adaptionsprozesse und Anverwandlungen betonte auch Sven Reichardt, Neue Wege der vergleichenden Faschismusforschung, in: Mittelweg 36 16 (2007/08) H. 1, S. 9–25; vgl. Zeev Sternhell/Mario Sznajder/Maia Asheri, Die Entstehung der faschistischen Ideologie. Von Sorel zu Mussolini, Hamburg 1999, sowie zwei Arbeiten von Emilio Gentile: Le origini dell'ideologia fascista 1918–1925. Nuova edizione, Bologna 2001, und Il culto del littorio: la sacralizzazione della politica nell'Italia fascista, Rom/Bari 1993.
[19] Zur Kritik an Griffin vgl. knapp zusammenfassend Constantin Iordachi, Comparative Fascist Studies: An introduction, in: ders. (Hrsg.), Comparative Fascist Studies. New perspectives, London/New York 2010, S. 1–51, hier S. 21–25.
[20] Vgl. Dietrich Eichholtz/Kurt Gossweiler (Hrsg.), Faschismusforschung. Positionen, Probleme, Polemik, Berlin 2., durchgesehene Aufl. 1980.

davon beflügelt – begann aber eine dritte Etappe der Faschismusforschung, in der zahlreiche wegweisende Arbeiten über die Pfeilkreuzler in Ungarn, über die Eiserne Garde in Rumänien, die Mosley-Bewegung in Großbritannien und viele andere Varianten des Faschismus in Europa erschienen, ganz zu schweigen von Monographien und Sammelbänden, die sich der Innen-, Kriegs- und Rassenpolitik des italienischen Faschismus widmeten oder die Beziehungsgeschichte des internationalen Faschismus in den Blick nahmen[21]. Diesen Büchern wurde allerdings zumeist weitaus weniger öffentliche Aufmerksamkeit zuteil als Studien, die in den 1960er oder 1970er Jahren erschienen, und das ist nicht zuletzt darauf zurückzuführen, dass der Faschismusbegriff im konsolidierten Provisorium Bundesrepublik viel von seiner politischen Brisanz verloren hatte.

2. Die neue Faschismusforschung

Was ist bloß mit dem Faschismus geschehen, fragte Tim Mason 1988 und wusste keine Antwort[22]. Dabei wäre sie ganz einfach gewesen: Der Faschismus wurde erforscht – von einer jungen Historikergeneration, die sich von den Debatten der Vergangenheit inspirieren ließ und doch vielfach eigene Wege ging. Dies gilt vor allem für die Erschließung neuer Themenfelder, wobei sich die Fokussierung auf Fragen der Geschlechterbeziehungen, auf Kultur und Ideologie, auf Mythen und Inszenierungen sowie auf Vernetzung und Transfer im europäischen Faschismus als ausgesprochen fruchtbar erwies. Von besonderer Bedeutung waren dabei Problemkreise, die sich auf das letzte Drittel des „Faschismus in seiner Epoche", sprich auf die Geschichte der „Achse" im Krieg beziehen; mit Blick auf Formen der Be-

---

[21] Hier sei nur eine Auswahl genannt: Margit Szöllösi-Janze, Die Pfeilkreuzlerbewegung in Ungarn. Historischer Kontext, Entwicklung und Herrschaft, München 1989; Armin Heinen, Die Legion „Erzengel Michael" in Rumänien. Soziale Bewegung und politische Organisation. Ein Beitrag zum Problem des internationalen Faschismus, München 1986; Arnd Bauerkämper, Die „Radikale Rechte" in Großbritannien. Nationalistische, antisemitische und faschistische Bewegungen vom späten 19. Jahrhundert bis 1945, Göttingen 1991; Alexander Nützenadel, Landwirtschaft, Staat und Autarkie. Agrarpolitik im faschistischen Italien (1922–1943), Tübingen 1997; Gabriele Schneider, Mussolini in Afrika. Die faschistische Rassenpolitik in den italienischen Kolonien, Köln 2000; Aram Mattioli, Experimentierfeld der Gewalt. Der Abessinienkrieg und seine internationale Bedeutung 1935–1941, Zürich 2005. Die Vielfalt dieser Forschungen belegt auch Jens Petersen/Wolfgang Schieder (Hrsg.), Faschismus und Gesellschaft in Italien. Staat, Wirtschaft, Kultur, Köln 1998.
[22] Vgl. Tim Mason, Whatever Happened to ‚Fascism', in: Radical History Review 49 (1991), S. 89–99.

satzungsherrschaft, der koordinierten Kriegführung und der entgrenzten Gewaltentfaltung hat die Forschung in den letzten Jahren vermutlich die größten Fortschritte erzielt[23].

Im Großen und Ganzen kann man also sagen: Die Faschismusforschung seit 1922 kennt keine tiefen Zäsuren, die Theoriediskussion ebenfalls nicht. Es gab auch in der deutschsprachigen und in der italienischen Faschismusforschung keinen „theorielosen Empirismus" und kein Abgleiten „in marginale Fragestellungen"[24]; allenfalls herrschte eine gewisse Skepsis gegenüber der Magie immer neuer „Zentraldefinitionen"[25], deren Gewinn sich regelmäßig in engen Grenzen hielt.

Wirklich neu ist in der Entwicklung der letzten Jahrzehnte nur zweierlei: Die empirische Forschung kann sich nach dem Zusammenbruch des Ostblocks und der daraus resultierenden Öffnung vieler Archive auf eine erheblich solidere Quellenbasis stützen als früher. Die Möglichkeiten, die sich daraus ergaben, sind vielfach auch bereits genutzt worden; die Erforschung der ost- und südosteuropäischen Faschismen erlebte eine fast stürmische Aufbruchphase, wobei es sich häufig nicht nur um eine Art nachholender Adaption westlicher Methoden und Interpretationen handelte. Von diesen Studien gingen und gehen auch innovative Impulse für die internationale Faschismusforschung aus, die dem Postulat einer europäischen Zeitgeschichte erst in jüngster Zeit wirklich gerecht geworden ist.

Ebenso wichtig ist, dass es heute nur noch wenige Fachleute gibt, die einen generischen Faschismusbegriff kategorisch ablehnen. Die Bemühungen, ihn aus dem Verkehr zu ziehen, sind ebenso gescheitert wie der Versuch, den Nationalsozialismus aus dem Faschismus hinauszudefinieren und den Faschismus damit gleichsam zu entkernen[26]. Dieses Einvernehmen im Grund-

---

[23] Vgl. Lutz Klinkhammer/Amedeo Osti Guerrazzi/Thomas Schlemmer (Hrsg.), Die „Achse" im Krieg. Politik, Ideologie und Kriegführung 1939–1945, Paderborn u. a. 2010.
[24] Hans-Gerd Jaschke, Soziale Basis und soziale Funktion des Nationalsozialismus. Alte Fragen, neu aufgeworfen, in: Hans-Uwe Otto/Heinz Sünker (Hrsg.), Politische Formierung und soziale Erziehung im Nationalsozialismus, Frankfurt a. M. 1991, S. 18–49, hier S. 21. Vgl. dazu auch Sven Reichardt und Armin Nolzen in ihrer Einleitung zu: dies. (Hrsg.), Faschismus in Italien und Deutschland. Studien zu Transfer und Vergleich, Göttingen 2005, S. 9–27.
[25] So Wolfgang Schieder, Faschistische Diktaturen. Studien zu Italien und Deutschland, Göttingen 2008, S. 10.
[26] Vgl. Andreas Wirsching, Vom Weltkrieg zum Bürgerkrieg? Politischer Extremismus in Deutschland und Frankreich 1918–1933/39. Berlin und Paris im Vergleich, München 1999, S. 506–525.

sätzlichen hängt auch damit zusammen, dass die drei wichtigsten Wesensmerkmale, die früher ins Feld geführt wurden, um den Nationalsozialismus vom italienischen Faschismus und anderen faschistischen Bewegungen zu isolieren, als Unterscheidungskriterien an Bedeutung verloren haben. Das gilt für den Rassismus ebenso wie für den Antisemitismus, der nach den neuesten Studien von Michele Sarfatti und Giorgio Fabre auch den italienischen Faschismus prägte[27], von den Pfeilkreuzlern, der Eisernen Garde und der Ustaša ganz zu schweigen. Das gilt außerdem für die unerhörte Radikalität und Gewaltbereitschaft, die mit Blick auf die faschistischen Bewegungen Ost- und Südosteuropas und vor allem den italienischen Faschismus lange unberücksichtigt geblieben sind, jetzt aber nicht nur in Forschungen über die Kolonialkriege[28], sondern auch in anspruchsvollen Darstellungen über die italienische Besatzungspolitik deutlich zutage treten[29]. Und das gilt schließlich auch für das Wesensmerkmal der totalitären Herrschaft, das man früher vielfach nur dem Nationalsozialismus zugesprochen hat[30]. Nach den Studien von Emilio Gentile über den spezifisch italienischen Weg zum Faschismus, von Gian Luigi Gatti über die Miliz und von Luca La Rovere über die Studentenverbände fällt es schwer, zumindest die Frage nach dem totalitären Charakter des italienischen Faschismus überzeugend zu verneinen[31]. Nationalsozialismus, italienischer Faschismus und die anderen verwandten

---

[27] Vgl. Giorgio Fabre, Mussolini Razzista. Dal socialismo al fascismo: la formazione di un antisemita, Mailand 2005; Michele Sarfatti, The Jews in Mussolini's Italy. From equality to persecution, Madison 2006; Thomas Schlemmer/Hans Woller, Der italienische Faschismus und die Juden 1922 bis 1945, in: VfZ 53 (2005), S. 164–201.
[28] Vgl. Eric Salerno, Genocidio in Libia. Le atrocità nascoste dell'avventura coloniale italiana (1911–1931), Rom 2005; Asfa-Wossen Asserate/Aram Mattioli (Hrsg.), Der erste faschistische Vernichtungskrieg. Die italienische Aggression gegen Äthiopien 1935–1941, Köln 2006.
[29] Vgl. Davide Rodogno, Fascism's European empire. Italian occupation during Second World War, Cambridge u. a. 2006; Brunello Mantelli (Hrsg.), L'Italia fascista potenza occupante: lo scacchiere balcanico, Triest 2002; Davide Conti, Criminali di guerra Italiani. Accuse, processi e impunità nel secondo dopoguerra, Rom 2011.
[30] Vgl. die Bücher von Karl Dietrich Bracher: Die deutsche Diktatur. Entstehung, Struktur, Folgen des Nationalsozialismus, Frankfurt a. M. 6., um bibliographische Ergänzungen erweiterte Aufl. 1979, und Zeitgeschichtliche Kontroversen. Um Faschismus, Totalitarismus, Demokratie, München 1976, S. 13–32.
[31] Vgl. Emilio Gentile, Fascismo. Storia e interpretazione, Rom/Bari 2002; Luca La Rovere, Storia dei Guf. Organizzazione, politica e miti della gioventù universitaria fascista 1919–1943, Turin 2003; Gian Luigi Gatti, Die faschistische Miliz – der bewaffnete Arm der Partei, in: Klinkhammer/Osti Guerrazzi/Schlemmer (Hrsg.), „Achse" im Krieg, S. 273–290.

Bewegungen sind näher zusammengerückt; die alten Schlachten sind geschlagen und entschieden.

Das Institut für Zeitgeschichte hatte in diesen oft lautstark geführten Auseinandersetzungen von Anfang an eine Stimme, die in zahlreichen Veröffentlichungen über die faschistischen Bewegungen Europas[32], in großen Tagungen – die Konferenzen „Totalitarismus und Faschismus" (1978) und „Der italienische Faschismus" (1982) sind fast schon legendär[33] – und in eigenen Forschungsprojekten zum Tragen kam. Dabei sind abgeschlossene Forschungsvorhaben zur Abrechnung mit dem Faschismus in Italien, zur faschistischen Herausforderung in Europa und zu Mussolinis Krieg gegen die Sowjetunion[34] ebenso besonders zu erwähnen wie die laufenden biographischen Studien zu Galeazzo Ciano und Benito Mussolini.

*

Der vorliegende Band knüpft an diese lange konsolidierte Tradition an. Er geht auf die internationale Konferenz „Die faschistische Herausforderung. Netzwerke, Zukunftsverheißungen und Kulturen der Gewalt in Europa 1922 bis 1945" zurück, die von der Deutschen Forschungsgemeinschaft (DFG) finanziert und vom Institut für Zeitgeschichte in Kooperation mit der Ludwig-Maximilians-Universität München (Lehrstuhl Prof. Dr. Martin Baumeister) sowie der Universität Konstanz (Lehrstuhl Prof. Dr. Sven Reichardt) im Juni 2012 ausgerichtet wurde. Hauptzweck der Tagung war es, Bilanz zu ziehen, zur theoretischen Reflexion einzuladen und neue Forschungsfelder zu erschließen. Die Ergebnisse der Tagung werden in zwei Bänden publiziert. Der erste, jetzt präsentierte vereint die theoretisch-methodischen Vorträge, im zweiten, umfangreicheren werden die empirischen Erträge vorgestellt.

---

[32] Vgl. z.B. Ladislaus Hory/Martin Broszat, Der kroatische Ustascha-Staat 1941–1945, Stuttgart 1964; Dieter Wolf, Die Doriot-Bewegung. Ein Beitrag zur Geschichte des französischen Faschismus, Stuttgart 1967; Roger Engelmann, Provinzfaschismus in Italien. Politische Gewalt und Herrschaftsbildung in der Marmorregion Carrara 1921–1924, München 1992.

[33] Vgl. Totalitarismus und Faschismus, sowie Der italienische Faschismus. Probleme und Forschungstendenzen, München/Wien 1983.

[34] Vgl. Hans Woller, Die Abrechnung mit dem Faschismus in Italien 1943 bis 1948, München 1996; Hans Woller, Rom, 28. Oktober 1922. Die faschistische Herausforderung, München 1999; Die Italiener an der Ostfront 1942/43. Dokumente zu Mussolinis Krieg gegen die Sowjetunion, hrsg. und eingeleitet von Thomas Schlemmer, München 2005.

Die Herausgeber danken der DFG für die großzügige Unterstützung, Martin Baumeister und Sven Reichardt für die unkomplizierte Zusammenarbeit und den vielen Kolleginnen und Kollegen aus dem Institut für Zeitgeschichte für die nie erlahmende Bereitschaft, vor und während der Tagung Hand anzulegen, wo es nötig war. An ihnen lag es vor allem, dass Roger Griffin am Ende ausrufen konnte: „It was great, it was wonderful. I love you all." Namentlich gilt dies für Agnes Bresselau von Bressensdorf und Tobias Hof sowie für Renate Bihl und Barbara Schäffler, die auch bei der Drucklegung mit bewährtem Engagement geholfen haben.

München, im Mai 2014

ZEITGESCHICHTE ALS VORGESCHICHTE DER GEGENWART

Morten Reitmayer, Thomas Schlemmer (Hrsg.)
Die Anfänge der Gegenwart
Umbrüche in Westeuropa nach dem Boom
2014. 150 Seiten, Broschur
€ 16,95
Zeitgeschichte im Gespräch, Band 17
ISBN 978-3-486-71871-3

Bereits für die Zeitgenossen waren die 1970er und 1980er Jahre eine Zeit beschleunigten Wandels – eines Wandels, der zunächst vor allem als krisenhaft wahrgenommen wurde. Doch die Geschichte des letzten Drittels des 20. Jahrhunderts erschöpfte sich nicht in Krisen. Zugleich vollzog sich – mal sichtbar, mal verdeckt – ein Aufbruch auf vielen Feldern, so dass sich Politik, Wirtschaft, Gesellschaft und Kultur nachhaltig veränderten. Schon die Zeitdiagnosen konstatierten den Zäsurcharakter dieser Jahre nach dem Boom. Die Autorinnen und Autoren des vorliegenden Bandes spüren den Umbrüchen an ausgewählten Beispielen nach, sie fragen nach dem Verhältnis von Kontinuität und Zäsur und schärfen so den Blick für die Anfänge der Gegenwart.

Morten Reitmayer, geboren 1963, ist wissenschaftlicher Mitarbeiter am Lehrstuhl für Neuere und Neueste Geschichte an der Universität Trier.

Thomas Schlemmer, geboren 1967, ist wissenschaftlicher Mitarbeiter am Institut für Zeitgeschichte München-Berlin.

Seit Herbst 2013 sind alle Titel aus dem Oldenbourg Wissenschaftsverlag und dem Akademie Verlag bei De Gruyter auch als eBook erhältlich.

www.degruyter.com/oldenbourg

Roger Griffin
Palingenetischer Ultranationalismus
Die Geburtswehen einer neuen Faschismusdeutung

„Schließlich triumphiert eine der neuen Sichtweisen durch die Lösung einiger Probleme, die von der widrigen Wirklichkeit gestellt werden. Sie wird wahrscheinlich nicht alle Probleme lösen, auch wird sie kaum so gut entwickelt sein wie das Paradigma, das sie abzulösen verspricht. Dennoch ist das neue Paradigma praxistauglich. Vermutlich werden sich nicht alle Verfechter des ‚klassisch' gewordenen alten Paradigmas überzeugen lassen. Doch jüngere Forscher, die sich mit der fraglichen Materie beschäftigen, werden der neuen Sichtweise aufgeschlossen gegenüberstehen, während hartnäckige Anhänger des alten Paradigmas zu guter Letzt gleichsam aussterben und Teil der Geschichte werden."[1]

1. Die berühmte Faschismusdefinition in einem Satz

Wenn ich meine eigene Definition des Faschismus darlegen soll, so sage ich: „Faschismus ist eine politische Ideologie, deren mythischer Kern in seinen diversen Permutationen eine palingenetische Form von populistischem Ultra-Nationalismus ist." Es wäre natürlich schön, wenn die Sache damit ihren Anfang und ihr Ende finden könnte, als ein Heureka-Moment für alle, die den Faschismus studieren, und wenn alle Leser in diesem Satz eine zuvor rätselhafte, nun aber selbstverständliche Wahrheit erkennen würden. Einsichten und Wahrheiten sind in den Geisteswissenschaften aber weder Offenbarungen, noch sind sie von Dauer. Vielmehr handelt es sich um Deutungsmuster mit – sozusagen – beschränktem Haltbarkeitsdatum, die stets angefochten werden. Sie müssen sich andauernd in der Konfrontation mit dem empirischen Material bewähren und sind so ständiger Veränderung und Verfeinerung ausgesetzt, bis sie entweder aufgegeben werden oder sich schließlich als Teil eines neuen Paradigmas in frische Einsichten und Wahrheiten verwandeln. Jede Theorie hat mithin ihr eigenes *curriculum vitae* oder ihre eigene Karriere.

Ehe wir die Karriere meiner Theorie skizzieren, ist es angezeigt, die Definition zu erläutern und weitverbreitete Missverständnisse auszuräumen, die vor allem bei einigen deutschen Gelehrten aufgetreten sind, als sie sich vor

---

[1] William Hillix/Luciano L'Abate, The Role of Paradigms in Science and Theory Construction, in: Luciano Abate (Hrsg.), Paradigms in Theory Construction, New York u. a. 2012, S. 3–17, hier S. 5.

einem Jahrzehnt erstmals damit beschäftigt haben. Meine Definition fasst Faschismus als einen ebenso heterogenen wie wandelbaren „Ismus", der zu einer Gattung politischer Ideen gehört, welche so allgemeine Phänomene wie Liberalismus, Konservativismus und Ökologismus einschließt. Sie alle sind primär als Ideologie zu verstehen, die anhand der Ideale, Ziele und Utopien der jeweiligen Protagonisten näher bestimmt werden kann. Im Gegensatz dazu stehen etwa Terrorismus und Totalitarismus, deren Spezifika auf dem Feld der politischen Taktik und Praxis liegen. Damit soll nicht gesagt sein, dass Faschismus – so wenig wie Konservativismus, Liberalismus oder Ökologismus – *nur* eine Ideologie ist; sie alle manifestieren sich in der konkreten Form von Bewegung, Regime und Normen sowie in der politischer Praxis und im politischem Stil.

Meine Definition betont, dass an der Wiege des Faschismus eine Ideologie und Weltanschauung steht, die ihre Aktivisten und Führer anzuwenden und in permanenter Interaktion mit gesellschaftlichen Gegebenheiten zu verwirklichen suchen, und dass der persönliche Habitus und die Überzeugungen der Faschisten sowie die faschistische Herrschaftsform und Politik nicht zu verstehen sind, wenn der Faschismus nicht zuerst als Ideologie begriffen wird. Außerdem weist meine Begriffsbestimmung darauf hin, dass die emotionale Antriebskraft dieser Ideologie, ihr „mythischer Kern", in der Vorstellung besteht, die wie auch immer definierte Nation befinde sich in einem Zustand der Dekadenz oder des Verfalls, aus dem sie durch revolutionäres Handeln erlöst werden müsse, also durch einen von einer Bewegung und schließlich einem Staat oder einer Neuen Ordnung getragenen Prozess der Wiedergeburt, der Erneuerung und der Regeneration. Dabei wird durch den Bezug auf die „diversen Permutationen" des Faschismus klar gemacht, dass jede historische Variante des Faschismus ein Unikat ist und dass zwischen den einzelnen Varianten signifikante Unterschiede bestehen, die aus ganz verschiedenen nationalen Traditionen und Kräftekonstellationen resultieren.

Ich möchte betonen, dass in meinem Buch „The Nature of Fascism" auf die einleitende Definition von Faschismus ein langer Exkurs über Max Webers Konzept des Idealtypus folgt[2], dass mithin keine Rede davon sein kann, es ginge mir darum, die „Essenz" von Faschismus zu bestimmen. Folgerichtig wird meine Definition nicht als Abschluss einer Untersuchung präsentiert, als eine Art „letztes Wort" oder *summa veritas*, sondern eher als heuristischer Ausgangspunkt für weitere Faschismus-Studien (und nicht bloß für weitere

---

[2] Vgl. Roger Griffin, The Nature of Fascism, London 1991, S. 8–12.

abstrakte und nutzlose Debatten über den Begriff selbst). Dementsprechend enthalten die anschließenden Kapitel eine kurze Geschichte des Faschismus und Nationalsozialismus, ihrer Visionen von nationaler Wiedergeburt und der Versuche beider Regime, diese Visionen zu verwirklichen, dazu einen Überblick über die Diktaturen der Zwischenkriegszeit, in der die diversen „Parafaschismen" von den beiden genuinen faschistischen Regimen unterschieden werden; dazu kommt eine Suche nach ihren Spuren – und ihren gewandelten Formen – in den Jahren nach Kriegsende. Am Schluss stehen Mutmaßungen über die Konstellation von Faktoren, die erforderlich ist, damit eine faschistische Ideologie entstehen und Fuß fassen und damit diese von einer Bewegung oder einem Regime in praktische Politik umgesetzt werden kann.

In den 20 Jahren, die seit dem Debüt von „The Nature of Fascism" vergangen sind, haben vergleichende Studien über den Faschismus eine bemerkenswerte Renaissance erlebt. Manches in meinem Buch ist deshalb überholt, einige Abschnitte bedürfen im Lichte neuerer Spezialstudien dringend einer Revision. Zudem bin ich – wie ich hoffe – als Historiker und Theoretiker nicht stehen geblieben und sehe manches anders als damals. So habe ich etwa meine ursprünglich negative Einschätzung des Begriffs „politische Religion" im Zusammenhang mit der Faschismusforschung revidiert. Auch hatte ich die faschistische Vorstellung einer nationalen Wiedergeburt als kurz bevorstehendem Ereignis so zugespitzt, dass sie auf einige wichtige neofaschistische Strömungen der Zeit nach 1945 nicht mehr zutrifft; hier wird die Wiedergeburt in einer unbestimmten Zukunft erwartet, was das Gefühl hervorbringt, in einem „Interregnum" zu leben. Ferner erkenne ich jetzt, dass ich über die faschistische Natur von *Croix de Feu*, Ustaša und Peronismus etwas zu voreilig geurteilt habe; ich muss einräumen, dass diese Erscheinungen weit faschistischer waren als von mir angenommen. Schließlich habe ich eine nationalistische Bewegung in China, die starke Affinitäten zum europäischen Faschismus aufwies, völlig ignoriert: die Blauhemden. Doch wie auch immer: Dies war mein erstes Buch, und die Tatsache, dass es noch immer im Handel ist und nach 20 Jahren von Forschern in aller Welt häufig zitiert wird, ja für manche Faschismusforscher den fast mythischen Status eines „Klassikers" erlangt hat, deutet doch darauf hin, dass es der Mühe wert war, ungeachtet seiner Unvollkommenheit und unzulänglicher Recherchen, diesen Versuch zu wagen.

Unnötig zu sagen, dass ich nach wie vor zum Kern meiner Argumentation stehe, nämlich dass wir uns dem Faschismus am besten heuristisch nähern und ihn als eine dem Selbstverständnis nach revolutionäre Form von Ultranationalismus begreifen, der seine Mission darin sah, die Nation von Dekadenz zu säubern und in allen Teilen der Gesellschaft eine Wiedergeburt zu bewirken. Diese Überzeugung wird auch dadurch bestärkt, dass die Faschismusforschung mittlerweile einen Punkt erreicht hat, an dem eine Definition wie die meine nicht länger als provokativ oder als zu eigenwillig erscheint. Sie hat, im Gegenteil, sogar viel Zustimmung gefunden.

2. Warum berühmt?

Warum ist das so? Warum ist meine Definition auch weit jenseits des Ärmelkanals berühmt geworden? Um das zu verstehen, muss man wissen, dass die anglophone akademische Welt 1991 in der Frage nach der Natur des Faschismus noch immer, grob gesprochen, in zwei feindliche Lager zerfiel. Die „Marxisten" unterschiedlichster Couleur begriffen den Faschismus als eine radikal antisozialistische Ausdrucksform des Kapitalismus. Liberale Historiker neigten hingegen dazu – wenn sie sich überhaupt mit seinem Wesen beschäftigten –, den Faschismus als schwer zu definierendes Bündel von Antihaltungen (antikommunistisch, antisozialistisch, antimodernistisch und so weiter) oder als eine bloße destruktive Kraft zu behandeln[3], der eine „positive" Ideologie fehle. Selbst die kreativsten Theoretiker zeigten die Tendenz, den Faschismus des Langen und Breiten zu beschreiben, oder sie stellten eine Liste jener Attribute zusammen, die nach ihrer Meinung in der Summe den Faschismus ausmachten. Dies bedeutete, dass nicht-marxistischen Historikern präzise Kriterien zur Analyse einer vermeintlich faschistischen Erscheinung fehlten (zum Beispiel der Regime von Francisco Franco, Engelbert Dollfuß, Getúlio Vargas oder Kaiser Hirohito). Auch gab es keine allgemein anerkannten Maßstäbe, wenn es galt, eine Antwort auf die Frage zu finden, ob der Nationalsozialismus eine Form des Faschismus sei oder nicht. Diese Frage ist nicht zuletzt in Deutschland viel diskutiert worden und hat erhebliche Bedeutung, wenn man zu einem Urteil darüber kommen will, ob es sich dabei vielleicht um das Ergebnis eines Sonderwegs zur Bildung moderner demokratischer Nationen gehandelt hat. Das faschistische und das nationalsozialistische Regime waren offensichtlich sehr verschieden, und unter den Experten herrschte wenig Übereinstimmung darüber, ob es gemeinsame Nenner gab, die auf eine unter der Oberfläche vorhandene Verwandtschaft deuten könnten. Es wurden sogar Definitionen von Faschismus präsentiert, die Elemente wie den Terrorstaat, die monokratische Aus-

---

[3] Vgl. R.A.H. Robinson, Fascism in Europe 1919–1945, London 1981, S. 1.

übung staatlicher Macht und einen aggressiven Imperialismus beinhalteten und dennoch Mussolinis Diktatur ihre faschistische Natur absprachen.

Wer jedoch ahnte, dass der Faschismus etwas Ideologisches und Revolutionäres an sich hatte – trotz seiner ausgeprägten Heterogenität und trotz der Vielzahl der oft kaum lebensfähigen Bewegungen –, spürte dann intuitiv, dass meine Definition Sinn machte. Sie zeigte eine Alternative zum Klassifizierungswirrwarr auf und erwies sich als Ariadnefaden, der aus dem Labyrinth widersprüchlicher Einschätzungen herausführte. Zugleich lenkte sie den Blick darauf, dass es zwischen Faschismus und Nationalsozialismus tatsächlich substantielle strukturelle Gemeinsamkeiten gab, und ermöglichte es, zwischen dem Francismus (und verwandten Phänomenen) und dem Falangismus oder zwischen dem christlichen Ständestaat von Dollfuß und dem Nationalsozialismus zu unterscheiden. In jedem Fall veranlasste sie eine ganze Reihe von Historikern dazu, die nicht meiner Meinung waren, das Problem der Definition von Faschismus mit anderen Augen zu sehen und es mit neuer Energie anzugehen – manchmal übrigens ziemlich gehässig. Dieses Problem hatte in den 1970er und 1980er Jahren nur wenig Aufmerksamkeit gefunden, wobei der amerikanische Historiker Stanley Payne eine wichtige Ausnahme bildete[4]. Es war für das Durcheinander jener Zeit charakteristisch, dass die Leser des Mitte der 1970er Jahre erschienenen Handbuchs „Fascism: A Reader's Guide" trotz brillanter Einzelstudien in heillose Verwirrung stürzten, sobald es um grundlegende Definitionen und Klassifizierungen ging[5]. Das galt insbesondere bei so wichtigen Fragen wie derjenigen, ob lateinamerikanische Diktaturen und das Dritte Reich gleichermaßen als Formen von Faschismus anzusehen seien oder nicht.

Natürlich war mein Buch nicht das erste, das aus nicht-marxistischer Sicht eine knappe Definition des Faschismus bot. Mitte der 1960er Jahre hatte bereits Ernst Noltes vergleichende Analyse beträchtliche internationale Beachtung (wenn auch nicht immer Zustimmung) erfahren[6]. Hier findet sich als Höhepunkt einer langen Passage über einen metahistorischen Zugriff auf die Zwischenkriegszeit eine prägnante Begriffsbestimmung. „Der

---

[4] Vgl. Stanley G. Payne, Fascism: Comparison and Definition, Wisconsin 1980; Stein U. Larsen/Bernt Hagtvet/Jan Petter Myklebust (Hrsg.), Who were the Fascists. Social Roots of European Fascism, Bergen u.a. 1980.
[5] Vgl. Walter Laqueur (Hrsg.), Fascism: A Reader's Guide. Analyses, Interpretations, Bibliography, Berkeley/Los Angeles 1976.
[6] Vgl. Ernst Nolte, Der Faschismus in seiner Epoche. Die Action française, der italienische Faschismus, der Nationalsozialismus, München 1963; das folgende Zitat findet sich ebenda, S. 544.

Faschismus" sei, so heißt es hier, „Widerstand gegen die praktische Transzendenz und Kampf gegen die theoretische Transzendenz in einem." Obwohl sich nicht wenige Historiker darauf beriefen, war diese Definition viel zu abstrakt; vor allem in der angelsächsischen Welt mit ihrer Aversion gegen metaphysisches Theoretisieren fand sie kaum Anklang, ja sie provozierte Zeev Sternhell sogar zu einer eleganten Kritik in seinem bahnbrechenden Aufsatz über die faschistische Ideologie[7]. Das lag nicht zuletzt daran, dass Noltes Definition in der englischen Übersetzung wenig mehr war als eine gewundene und verwirrende Variante jener Theorie, die den Faschismus als eine Form von Antimodernismus und Fortschrittsfeindlichkeit begriff. Damit aber war der Wert dieser Definition als heuristisches Instrument ausgesprochen begrenzt, wenn es darum ging, die komplexe Welt des Faschismus zu erklären. Dies zeigt schon der Widerspruch zwischen Noltes Deutung und der Tatsache, dass sich die faschistischen Bewegungen in Deutschland, Italien und Großbritannien trotz ihrer angeblichen Fortschrittsfeindlichkeit für Hochtechnologie begeisterten.

Es ist geradezu paradox, dass die Definition eines Historikers, der in den 1980er Jahren den Revisionismus verkörpern sollte, eine gewisse Ähnlichkeit mit marxistischen Überlegungen zur reaktionären Dynamik des Faschismus aufwies. Das war nicht nur für diejenigen wenig überzeugend, denen die modernen Züge von Faschismus und Nationalsozialismus vor Augen standen, sondern diskreditierte Noltes Begrifflichkeit auch als Instrument der Klassifizierung, war sie doch so unbestimmt, dass sogar die ultrakonservative *Action française* als Spielart des Faschismus erschien. Welche praktischen Probleme sich daraus ergeben können, zeigt sich darin, dass Nolte vor einigen Jahren – wie vor ihm schon Walter Laqueur[8] –, so weit ging, im islamischen Dschihadismus eine Form des Faschismus zu sehen[9]. Er befindet sich dabei in Gesellschaft von George W. Bush, der im politischen Nahkampf das Schlagwort „Islamofaschismus" geprägt hat. Hier haben wir es mit einer Kategorisierung zu tun, welche die radikale Sakralisierung säkularer Politik, wie sie dem Faschismus eigen ist, mit der radikalen Politisierung einer traditionellen Offenbarungsreligion verwechselt, wie wir sie im Islamismus finden.

---

[7] Vgl. Zeev Sternhell, Fascist Ideology, in: Laqueur (Hrsg.), Fascism, S. 315–376, hier S. 368–371.
[8] Vgl. Walter Laqueur, Fascism. Past, Present, Future, New York u. a. 1996.
[9] Vgl. Ernst Nolte, Die dritte radikale Widerstandsbewegung. Der Islamismus, Berlin 2009.

Komintern-Marxisten hatten natürlich seit langem ihre eigene und weitaus berühmtere Definition des Faschismus, die Georgi Dimitroff der Öffentlichkeit 1935 in einem Satz präsentiert hat: „Der Faschismus an der Macht [...] ist die offene terroristische Diktatur der reaktionärsten, am meisten chauvinistischen, am meisten imperialistischen Elemente des Finanzkapitals."[10] Den Faschismus umstandslos als Gewächs des Kapitalismus zu verstehen, war für liberale Historiker selbstverständlich unannehmbar. Die meisten von ihnen waren allerdings schon mit dem Begriff Faschismus als Gattungsbezeichnung unglücklich, sofern er der kritischen Analyse einzelner Bewegungen und Regime dienen sollte. Schließlich mangelte es an Übereinstimmung über seine Bedeutung, und es herrschte der allgemeine Eindruck vor, dass Faschismus undefinierbar oder eine rein „negative" Pseudo-Ideologie sei. Historiker aus dem liberalen Lager bevorzugten den politikwissenschaftlichen Begriff Totalitarismus, der sich im Hinblick auf moderne Regime, namentlich in Deutschland, eher für komparative Studien anbot und schärfere definitorische Konturen besaß. Im paranoiden Klima des Kalten Krieges konzentrierte man sich aber fast ausschließlich auf die negativen Techniken der sozialen Kontrolle, auf die Reglementierung der Gesellschaft und den Terror, wie er insbesondere für die Sowjetunion und das Dritte Reich charakteristisch war. Die ideologische Dimension wurde dagegen vernachlässigt, insbesondere die utopisch-weltanschauliche und palingenetische Dimension, die Friedrich und Brzezinski zu den Wesenselementen eines jeden Totalitarismus rechneten[11].

Kurzum: Der Erfolg meiner Definition hatte nicht primär mit ihrer Originalität, sondern mit ihrer Prägnanz und dem Zeitpunkt zu tun, an dem ich sie vorgeschlagen habe. Sie war als heuristisches Instrument konzipiert, um einer der dringlichsten Anforderungen zu genügen, der sich die Faschismusforschung in den 1980er Jahren gegenüber sah: eine einfache, verständliche Definition zu finden, die nicht nur zur Klassifizierung der extremen Rechten taugte, sondern auch bei der Erforschung des Ursprungs und bestimmter Erscheinungsformen des Faschismus hilfreich sein konnte, ohne dabei zahlloser Worte und Diskussionen zu bedürfen. Dieser Forderung trug meine Definition – zumindest teilweise – Rechnung, indem sie die selbst behaup-

---

[10] Georgi Dimitroff, Die Offensive des Faschismus und die Aufgaben der Kommunistischen Internationale im Kampf für die Einheit der Arbeiterklasse gegen den Faschismus, in: ders., Gegen Faschismus und Krieg. Ausgewählte Reden und Schriften, Leipzig 1982, S. 49–136, hier S. 50.
[11] Vgl. Roger Griffin, The Legitimizing Role of Palingenetic Myth in Ideocracies, in: Totalitarismus und Demokratie 9 (2012), S. 39–56.

tete Mission des Faschismus betonte, die Nation oder Rasse von den vielfältigen Formen der Dekadenz zu reinigen und eine umfassende Wiedergeburt herbeizuführen. Sie lieferte ein Kriterium, das es erlaubt, den Faschismus von extremem Nationalismus und Rassismus ohne revolutionäre Dimension zu unterscheiden, ebenso von Führer- und Militärdiktaturen konservativer, antidemokratischer, antiliberaler und antikommunistischer Provenienz – ein Kriterium, das auch dann seine Tauglichkeit bewies, wenn solche Diktaturen sich die größte Mühe gaben, die Dynamik des Faschismus zu imitieren, dabei jedoch dessen ideologisches Programm verwarfen, das auf eine anthropologische Revolution durch *social engineering* hinauslief. Für diesen Fall prägte ich den Begriff Parafaschismus.

Nachdem meine Definition zwischen 1995 und 2005 bei den angelsächsischen Faschismusforschern beträchtliche Resonanz gefunden hatte, begann man sie auch in Ländern wie Frankreich, Spanien und Deutschland zu akzeptieren, die bei der Untersuchung der illiberalen Bewegungen und Regime ihre eigenen Wege gegangen waren und sich manchmal sogar von der internationalen Gemeinschaft abgekapselt hatten. Für Italien gilt das – trotz der Pionierarbeit von Emilio Gentile[12] – zum Teil noch immer. Jedoch sollte die breite Akzeptanz meiner Definition nicht so sehr als Symptom einer „Modewelle" oder der Dominanz angelsächsischer Gelehrsamkeit auf dem Feld der vergleichenden Faschismusforschung gewertet werden, sondern als Teil des eingangs zitierten Lebenszyklus' von Deutungsangeboten. Die Unzulänglichkeiten der orthodoxen marxistischen Faschismus-Interpretationen traten naturgemäß noch deutlicher hervor, als nach dem Zusammenbruch der kommunistischen Welt die Glaubwürdigkeit des Marxismus schwand, eine revolutionäre Alternative zum Kapitalismus zu sein. Zugleich wurde im Zuge der Forschung die Annahme liberaler Historiker immer weniger plausibel, der Faschismus sei nichts anderes gewesen als ein ideologiefreier, antimodernistischer Kreuzzug gegen die Demokratie. Namentlich in den Ländern, die eigene Erfahrungen mit faschistischer Politik gemacht hatten, vermochten solche Positionen nicht mehr zu überzeugen.

3. Warum war die Definition brauchbar?

Leser, die mit den Feinheiten der langen Debatte über die Definition des Faschismus nicht vertraut sind, mögen sich noch immer fragen, warum das neue Paradigma brauchbar war. Zwei Gründe gaben den Ausschlag: Erstens handelte es sich um einen Idealtyp, der einfach zu handhaben war, weil er

---

[12] Vgl. seinen Beitrag in diesem Band.

mit dem revolutionären Ultranationalismus ein definitorisches Minimum lieferte[13], womit Merkmale wie der Kult um einen charismatischen Führer, politische Religion, Korporatismus, Paramilitarismus, Imperialismus sowie Gewalt und Terror zu gewissermaßen peripheren Phänomenen wurden, die auch bei vielen nicht-faschistischen Bewegungen und Regimen zu finden sind. Der Faschismus war damit gleichsam auf den Punkt gebracht und ließ sich ohne lange Check-Listen und ohne ein Bündel von Antihaltungen definieren.

Zweitens – und das fiel weit stärker ins Gewicht – beruhte diese Definition auf dem ausgedehnten Studium des faschistischen Schrifttums, das sich – auch das nationalsozialistische – auf ein Grundmuster zurückführen lässt, wie es sich schon in den weltanschaulichen Schlüsselquellen zu Mussolinis Faschismus zeigt: Konstatiert wird ein Zustand vorherrschender Dekadenz, dem so bald wie möglich die Wiedergeburt folgen soll. Jeder, der sich mit dem faschistischen Diskurs beschäftigt, trifft auf dieses Grundmuster, das autoritären Regimen ohne revolutionäres Programm fehlt. Wo also die Rhetorik der Palingenese, der Neugeburt, fehlt oder wo ein neues Regime keine Anstalten macht, sie zu verwirklichen, kann nicht von Faschismus gesprochen werden. Weit davon entfernt, reaktionär zu sein, verfolgte der Faschismus mithin ein utopisches Ziel. Er schuf eine wirkungsmächtige, auf die Zukunft orientierte Zeitlichkeit, wenn er auch eine mythifizierte Vergangenheit beschwor, um diese zu legitimieren.

Abgesehen davon, dass meine Definition Ordnung in das begriffliche Chaos der Faschismusdebatte brachte, und abgesehen von den Vorzügen einer Begriffsbestimmung, die auf den ideologischen Kern des Phänomens zielte, erwies sie sich als empirisch fundiert und als praxistauglich, wie all jene spüren konnten, die sich mit der Weltanschauung, der Politik und den Neuerungen der beiden voll entwickelten faschistischen Regime auskannten. Dazu kam gewissermaßen ein demographischer Faktor, der den Erfolg meiner Definition begünstigte. Seit den 1970er Jahren ist in der ganzen westlichen Welt eine junge Generation von Geisteswissenschaftlern auf den Plan getreten, die den Zweiten Weltkrieg und den Horror der NS-Verbrechen nicht mehr selbst erlebt hat. Dieser Generation fiel es natürlich leichter, Kategorien wie reaktionär, anti-modern, böse, unmenschlich, barbarisch und nihilistisch hinter sich zu lassen, wenn es darum ging, den Faschismus zu erklären, und diese statt dessen als Schattenseiten eines tiefgreifenden

---

[13] Michael Freeden (Ideologies and Political Theory. A Conceptual Approach, Oxford 1996, S. 61–65) spricht vom „ineliminable core".

Prozesses „schöpferischer Destruktion" zu interpretieren, der für die Implementierung faschistischer Utopien ebenso unabdingbar war wie für alle modernen Revolutionen, von Robespierres neuem Frankreich bis zu Pol Pots neuem Kambodscha. Vor allem jüngere Forscher aus Rumänien oder Ungarn sahen nach dem Zusammenbruch des Kommunismus in meiner Definition die Lösung einiger der Probleme, die mit der marxistischen Faschismusinterpretation sowie mit den liberalen Deutungsmustern des Faschismus als „antimodernem Modernismus"[14] oder als „Ideologie [...] ohne spezifischen Inhalt"[15] zu tun hatten.

Offensichtlich konnte aber auch meine Definition nicht alle Schwierigkeiten beseitigen, vor die uns der Faschismus stellt. Vermutlich war sie nicht so „gut entwickelt" wie die Deutungen, die sie abzulösen versprach (jedenfalls nicht deren marxistische oder totalitarismustheoretische Variante), wenngleich sie fraglos ein erheblicher Fortschritt war im Vergleich zu den vielen Darstellungen des Faschismus, die in der Vergangenheit geschrieben wurden, ohne auch nur den Versuch zu machen, aus den vielen Einzelheiten eine schlüssige Definition zu gewinnen[16]. Nichtsdestotrotz überzeugte das neue Paradigma, das in meiner konzisen Definition zum Ausdruck kam, seit Mitte der 1990er Jahre eine wachsende Zahl von Historikern. Diese Kollegen wollten die Grenzen überwinden, welche die Vorstellung gezogen hatte, der Faschismus sei ein undefinierbares Rätsel, und sie hatten die Bedeutung erkannt, die dem Mythos der Wiedergeburt in der politischen Geschichte der Neuzeit zukam.

Es ist natürlich nicht zu hoffen, dass sich alle Verfechter der inzwischen „klassischen" Paradigmen von meiner Definition überzeugen lassen, weder die Marxisten noch die liberalen Empiriker, die sich mit Wonne ihren Forschungen hingeben, ohne ihren Untersuchungsgegenstand, den Faschismus, angemessen begrifflich fassen zu können. Dagegen konnten sich namentlich jene Historiker dafür erwärmen, die – noch ehe sie meine Definition zur Kenntnis genommen hatten – in ihren eigenen Forschungen zu dem Schluss gekommen waren, dass sich die Ideologie des Faschismus nicht in Antihaltungen erschöpfte, sondern dass er eine Weltanschauung besaß, die nicht als

---

[14] Henry Turner, Fascism and Modernization, in: World Politics 24 (1972), S. 547–564.
[15] Fascism, in: Roger Scruton, The Palgrave Macmillan Dictionary of Political Thought, London u.a. ³2007, S. 244f., hier S. 245.
[16] Vgl. George L. Mosse, Introduction: Towards a General Theory of Fascism, in: ders. (Hrsg.), International Fascism. New Thoughts and New Approaches, London/Beverly Hills 1979, S. 1–41, und Kevin Passmore, Fascism. A Very Short Introduction, Oxford u.a. 2002.

Propaganda abgetan werden darf. Es handelte sich dabei insbesondere um Kollegen, die mit den stark konvergenten Konzepten vertraut waren, mit denen sich George Mosse[17], Eugen Weber[18], Stanley Payne und Emilio Gentile[19] dem Phänomen Faschismus genähert hatten.

Diese Historiker sahen an meiner Definition nichts Abstraktes oder Abstruses, nichts, was Sarkasmus und Spott herausgefordert hätte. Für die Faschismusforscher, die offen waren für komparative Perspektiven und ein Gespür hatten für die Gestaltungsmacht von Ideologie und Mythos in der Geschichte der Neuzeit, war mein Idealtyp von Faschismus brauchbar, solange er nicht als definitive Zustandsbeschreibung verstanden wurde, sondern als heuristisches Instrument. In den letzten 20 Jahren hat in dieser Hinsicht eine Art samtene Revolution stattgefunden; 2004 hielt sogar Ian Kershaw, der in seinen meisterhaften Studien über Hitler und das NS-Regime nie auf ein generisches Faschismuskonzept zurückgegriffen hat, die palingenetische Dimension von Faschismus und Nationalsozialismus wie selbstverständlich für gegeben. In einem bedeutenden Aufsatz zur Einzigartigkeit des Nationalsozialismus schrieb er, „die Suche nach nationaler Wiedergeburt lag natürlich allen faschistischen Bewegungen zugrunde", wobei er „The Nature of Fascism" als das Buch zitierte, das eben diesen Aspekt zum „Kernpunkt" der Interpretation des Faschismus mache[20]. Die Tage, da ein Historiker im ersten Satz seiner Geschichte des faschistischen Italien autoritativ erklären konnte, das Bemühen, einen generischen Faschismus zu identifizieren, gleiche „der Suche nach einer schwarzen Katze in einem dunklen und möglicherweise leeren Raum"[21] – diese Tage sind dahin.

4. Die deutsche Debatte

Die Konstellation, die den Faschismus hervorbringt, unterscheidet sich von Land zu Land. Dementsprechend sind die Schlüsselbegriffe der Debatte

---

[17] Vgl. George L. Mosse, The Fascist Revolution. Toward a General Theory of Fascism, New York 1999.
[18] Vgl. Eugen Weber, Varieties of Fascism. Doctrines of Revolution in the Twentieth Century, New York u. a. 1964.
[19] Vgl. die Arbeiten von Emilio Gentile: Le origini dell'ideologia fascista 1918–1925. Nuova edizione, Bologna 2001; Il mito dello Stato nuovo. Dall'antigiolittismo al fascismo, Rom/Bari 1982; The Struggle for Modernity. Nationalism, Futurism and Fascism, Westport/London 2003.
[20] Ian Kershaw, Hitler and the Uniqueness of Nazism, in: JCH 39 (2004), S. 239–254, hier S. 247.
[21] John Whittam, Fascist Italy, Manchester 1995, S. 1.

über den Faschismus ebenso unterschiedlich konnotiert wie die zentralen Fragen. In Deutschland bedienten sich auf beiden Seiten des Eisernen Vorhangs nur die Marxisten des Faschismusbegriffs. Daran änderte auch Ernst Noltes Versuch kaum etwas, ein Deutungs- und Erklärungsmuster jenseits der marxistischen Nomenklatur anzubieten. Freilich gab es insgesamt nur wenige (west-)deutsche Historiker, die sich ernsthaft darum bemühten, das Koordinatensystem, in dem sich der Nationalsozialismus bewegte, durch die vergleichende Faschismusforschung genauer zu bestimmen. Zu nennen sind in diesem Zusammenhang vor allem Wolfgang Schieder, Jürgen Kocka und Hans Mommsen, die zwar eine heuristisch brauchbare Faschismusdefinition einforderten, ohne sich jedoch selbst daran zu versuchen. Selbst eine ausführlichere, diskursiv-beschreibende Begriffsbestimmung, die interessierten Kollegen eine bessere Orientierung hätte bieten können als Ernst Noltes berühmte, doch heuristisch nutzlose Definition, findet sich nicht. Auch Wolfgang Wippermanns beharrliche Bemühungen um einen am italienischen Modell gewonnenen Realtypus des Faschismus, fanden keinen fruchtbaren Boden[22]. Tatsächlich kam keine deutsche Definition des generischen Faschismus zur praktischen Anwendung – weder im geteilten, noch im vereinten Deutschland, noch anderswo.

Die Debatte um das Verhältnis von Nationalsozialismus und Modernisierung, die sich Anfang der 1990er Jahre an den revisionistischen Thesen einer kleinen Gruppe von Historikern um Rainer Zitelmann entzündet hat[23], machte es nicht eben leichter, in Deutschland ein neues Paradigma der vergleichenden Faschismusforschung zu etablieren, das auf meiner Definition basierte und zwei Aspekte besonders betonte: die Zukunftsorientierung des Faschismus und sein Streben nach einer alternativen Moderne. Es war also ein Wagnis, dass ich mich 2003 bereit fand, für die Zeitschrift „Erwägen – Wissen – Ethik" einen Leitartikel zu schreiben, in dem ich – in englischer Sprache – meine palingenetische Theorie von Faschismus darlegte und zahlreiche deutsch- und englischsprachige Wissenschaftler dies- und jenseits des Atlantik zu Kommentaren einlud. Doch abgesehen davon, dass der Zeitpunkt für diese Initiative alles andere als ideal war, schlug ich auch den falschen Ton an. Statt in nüchternem, akademischen Stil zu schreiben, griff ich zu Ironie, Sarkasmus, biologistischen Metaphern und forderte die

---

[22] Vgl. Wolfgang Wippermann, Faschismus. Eine Weltgeschichte vom 19. Jahrhundert bis heute, Darmstadt 2009.
[23] Vgl. Michael Prinz/Rainer Zitelmann (Hrsg.), Nationalsozialismus und Modernisierung, Darmstadt 2., ergänzte Aufl. 1994.

deutschen Historiker arrogant auf, endlich Anschluss an die internationale Forschung zu gewinnen, um so den Nationalsozialismus im europäischen Zusammenhang begreifen und verorten zu können[24]. Zudem behandelte ich den Nachkriegsfaschismus in einer Art und Weise, die im deutschen Kontext wenig Sinn machte.

Das Resultat war vorhersehbar, und was als Forum wissenschaftlicher Auseinandersetzung gedacht war, drohte sich in einen Boxring zu verwandeln. Mein Text rief Reaktionen hervor, die von bedingter Zustimmung bis zu glatter Ablehnung und wütendem Protest gegen meine Impertinenz und akademische Beschränktheit reichten[25]. Mein Aufsatz hat nicht nur niemanden zu meiner Auffassung bekehrt, der Kern des Faschismus sei in seinem palingenetischen Ultranationalismus zu suchen, der nicht ohnehin schon vom heuristischen Potential dieses Konzepts überzeugt gewesen wäre. Er stieß auch die Kollegen vor den Kopf, die vielleicht positiv reagiert hätten, wenn ich anders vorgegangen wäre. Der Proteststurm nahm eine solche Stärke an, dass drei Zyklen von Rede und Gegenrede notwendig waren, um die Wogen einigermaßen zu glätten. Ich modifizierte meine Behauptungen und bediente mich einer konzilianteren, professionelleren Sprache, aber das Porzellan war zerschlagen, und nur wenige loyale Verbündete verteidigten meine Position öffentlich.

Aber ungeachtet dieser kontraproduktiven, für mich in gewissem Sinne auch demütigenden Intervention in die deutsche Debatte, begann in der Bundesrepublik ein neuer Wind zu wehen. Historiker wie Sven Reichardt[26] und Arnd Bauerkämper[27] legten viel beachtete Publikationen vor, die – ganz unabhängig von Roger Griffin – zeigten, dass die vergleichende Faschismus-

---

[24] Vgl. Erwägen – Wissen – Ethik 15 (2004) H. 3; mein Beitrag (S. 287–300) erschien unter dem Titel: Fascism's new faces (and new facelessness) in the „post-fascist" epoch; vgl. auch Roger Griffin/Werner Loh/Andreas Umland (Hrsg.), Fascism Past and Present, West and East. An International Debate on Concepts and Cases in the Comparative Study of the Extreme Right, Stuttgart 2006, und die Zusammenfassung im Blog (http://faschistensindimmerdieanderen.wordpress.com) „Faschisten sind immer die anderen".
[25] Vgl. etwa Friedrich Pohlmann, Der faschistische Proteus: Eine fortschrittliche Aufklärung aus England über das Wesen eines vielgestaltigen Phänomens, in: Griffin/Loh/Umland (Hrsg.), Fascism Past and Present, S. 179–187.
[26] Vgl. Sven Reichardt, Faschistische Kampfbünde. Gewalt und Gemeinschaft im italienischen Squadrismus und in der deutschen SA, Köln u. a. 2., durchgesehene und ergänzte Aufl. 2009.
[27] Arnd Bauerkämper (Der Faschismus in Europa 1918–1945, Stuttgart 2006, S. 42) schrieb sogar, der Faschismus sei für eine „radikale politisch-kulturelle Erneuerung unter reaktionären Auspizien" eingetreten.

forschung gut beraten sei, den faschistischen Nationalismus nicht als reaktionär, sondern als palingenetisch zu begreifen. So waren keine persönlichen Animositäten mehr im Spiel, als ich seit 2008 mehrfach die Gelegenheit hatte, mit deutschen Kollegen zu diskutieren oder meine Thesen zum Wesen des Faschismus in der Bundesrepublik vorzustellen[28]. Eine Dekade zuvor wäre das kaum möglich gewesen.

5. Was nun mit der berühmten Definition?

Inzwischen hatte ich weiter daran gearbeitet, meine Definition von Faschismus und die Schlussfolgerungen daraus weiter zu verfeinern. Als ich 2007 die kulturellen und anthropologischen Voraussetzungen untersuchte, auf denen der palingenetische Mythos des Faschismus beruhte, und mich zugleich mit seinen Bemühungen um eine temporale Revolution befasste, wurde Madelon de Keizer, die Direktorin des Niederländischen Instituts für Kriegsdokumentation in Amsterdam, darauf aufmerksam. Nach einem Symposium über mein Buch „Modernism and Fascism"[29] und nach intensivem Gedankenaustausch initiierte sie das Projekt eines *open access*-Journals, das der vergleichenden Faschismusforschung gewidmet ist[30]. Der Schriftleitung und dem redaktionellen Beirat der Zeitschrift gehören Kollegen aus aller Welt an, darunter Stefan Breuer, Andreas Umland und Sven Reichardt. Es ist auch ein Zeichen der neuen Zeit, dass Letzterer – gemeinsam mit dem Tübinger Historiker Fernando Esposito[31] – zu einem internationalen Workshop über die Temporalität des Faschismus eingela-

---

[28] Von besonderer Bedeutung war eine Diskussionsrunde, zu der das DHI London 2008 eingeladen hatte. 2009 nahm ich an einer internationalen Konferenz in Greifswald über die Geschichte der radikalen Rechten teil, aus der ein Sammelband hervorging: Claudia Globisch u. a. (Hrsg.), Die Dynamik der europäischen Rechten. Geschichte, Kontinuitäten und Wandel, Wiesbaden 2011. Im selben Jahr folgte ich der Einladung Sven Reichardts zu einem Symposion nach Konstanz (http://hsozkult. geschichte.hu-berlin.de/tagungsberichte/id=2960&count=27&recno=9&sort=datum&order=down&search=Sven+Reichardt).
[29] Vgl. Roger Griffin, Modernism and Fascism. The Sense of a Beginning under Mussolini and Hitler, New York u. a. 2007.
[30] Der erste Jahrgang der Zeitschrift Fascism. Journal of Comparative Fascist Studies erschien 2012; weitere Informationen unter: www.brill.com/fascism.
[31] Fernando Esposito hat mit seiner Studie Mythische Moderne. Aviatik, Faschismus und die Sehnsucht nach Ordnung (München 2011) ein viel beachtetes und preisgekröntes Buch vorgelegt, das deutlich zeigt, wie fruchtbar das theoretische Konzept einer faschistischen Moderne für die empirische Forschung sein kann. Vgl. auch seinen Beitrag in diesem Band.

den hat, der im März 2013 in der Villa Vigoni stattfand[32] und dessen Ergebnisse in einem Themenheft des Journal of Modern European History publiziert werden sollen. Dieses Vorhaben liegt mir besonders am Herzen, da ich bereits 1997 einen Vortrag zur temporalen Dimension des palingenetischen Mythos' des Faschismus gehalten habe[33]. Sven Reichardts und Fernando Espositos Initiative ist symptomatisch für den neuen Trend in der Faschismusforschung, der sich schon seit einiger Zeit vor allem mit mythischen, kulturellen, technologischen, politisch-religiösen und semiotischen Aspekten einzelner Faschismen beschäftigt. Man könnte in diesem Zusammenhang auch von einem neuen Konsens sprechen, für den Transdisziplinarität und Vergleich von zentraler Bedeutung sind[34].

Es ist nicht zu übersehen, dass die deutsche Faschismusforschung mit der anglophonen gleichgezogen hat; vielleicht hat sie sich sogar einen gewissen Vorsprung erarbeitet, der vor allem aus zwei Quellen gespeist wird: Transnationalität und Mehrsprachigkeit. Freilich ähneln etablierte Professoren auch hier alten Bäumen, die tiefe Wurzeln haben und die man nur schwer verpflanzen kann. Daher gibt es nicht nur in Deutschland Kolleginnen und Kollegen, die weiterhin die klassischen Positionen vertreten und den Nationalsozialismus nach marxistischer Lesart für reaktionär, bourgeois und antimodern halten oder die glauben, er sei in seiner nackten Zerstörungswut einzigartig und spezifisch deutsch, so dass er sich mit keinem anderen generischen Begriff fassen lasse als dem des Totalitarismus. Wieder andere meinen, man könne Geschichte auch ganz ohne komparative Studien und theoretische Konzepte schreiben. Auch gibt es nach wie vor Einzelgänger wie James Gregor, Stein Larsen, Ernst Nolte, Wolfgang Wippermann, Maurizio Bach und Stefan Breuer[35]; sie gehen entschlossen ihren eigenen Weg und bieten Definitionen an, die noch von den jüngeren Forschern aufgenommen und diskutiert werden müssen, die sich überall in Europa auf diesem Feld zu tummeln beginnen.

Damit stehen aber nach wie vor Deutungsmuster auf der Tagesordnung, die seit den 1960er Jahren entwickelt wurden. Was ist aber genau unter

---

[32] Vgl. den Bericht von Steffen Henne (http://hsozkult.geschichte.hu-berlin.de/tagungsberichte/id=4985).
[33] Vgl. „I am no longer human. I am a Titan. A god!" The fascist Quest to Regenerate Time, in: A Fascist Century. Essays by Roger Griffin, hrsg. von Matthew Feldman, Houndmills u.a. 2008, S. 3–23.
[34] Vgl. Roger Griffin, Rechtsextremismusforschung in Europa: From new consensus to new wave?, in: Globisch u.a. (Hrsg.), Dynamik, S. 295–314.
[35] Vgl. Stefan Breuer/Maurizio Bach, Faschismus als Bewegung und Regime. Italien und Deutschland im Vergleich, Wiesbaden 2010; zu Maurizio Bach vgl. auch seinen Beitrag in diesem Band.

„Widerstand gegen Transzendenz" zu verstehen, wie sieht ein auf Mussolinis Regime bezogener Realtyp faschistischer Herrschaft aus, und was muss man sich unter einem Idealtyp des Faschismus vorstellen, der auf charismatischer Führung, politischer Gemeinschaft und Paramilitarismus aufbaut? Vor allem stellt sich aber die Frage, ob diese Konzepte den Praxistest bestehen, wenn man sie auf die rumänische Eiserne Garde, die Ustaša oder die Falange anwendet, und ob es zielführend ist, die Weltanschauung der verschiedenen Faschismen, die ja nicht von der Hand zu weisen ist, ihre von nationalen Eigenarten geprägten Utopien einer Neuen Ordnung als Epiphänomene zu behandeln. Das heißt nicht, dass meine Deutung des Faschismus als palingenetischer Ultranationalismus eine Art ontologischer Wahrheit darstelle oder in Stein gemeißelt sei. Diese Definition ist lediglich ein heuristisches Instrument und wird sich durch neue Erkenntnisse der vergleichenden Faschismusforschung notwendigerweise verändern. An diesem gemeinsamen Projekt sind die besten Geister – alt wie jung – beteiligt, die sich mit dem extremen Nationalismus beschäftigen, der Europa in der ersten Hälfte des 20. Jahrhunderts in zahlreichen Spielarten geradezu überflutet hat. Viele dieser Wissenschaftler sprechen mehrere Sprachen oder haben sogar einen multikulturellen Hintergrund, und sie sind offener für den Einsatz theoretischer Konzepte aus anderen Disziplinen der Geisteswissenschaften als frühere Generationen.

Die vielleicht aktuellste Entwicklung betrifft die Erforschung des Faschismus in Osteuropa – ein Themenfeld, das in den letzten Jahren neu vermessen worden ist. Durch Konferenzen und Sammelwerke, die in Frankreich, Schweden, Holland, England, Deutschland oder der Ukraine organisiert worden sind, beginnt sich die klaffende Lücke zu schließen, die in der kommunistischen Ära entstanden ist. Eine jüngst erschienene Studie über tschechische Neonazis, die von einem deutschen Wissenschaftler verfasst und in einer von einem ukrainischen Kollegen herausgegebenen Buchreihe publiziert wurde, scheint mir in diesem Zusammenhang zukunftweisend zu sein[36]. Zudem liegen mittlerweile zahlreiche neue Arbeiten vor, die den heuristischen Wert meiner Faschismusdeutung auf den Feldern Totalitarismus[37], Wirtschaft[38], Kunst[39]

---

[36] Vgl. Florian Ferger, Tschechische Neonazis. Ursachen rechter Einstellungen und faschistische Semantiken in Zeiten schnellen sozialen Wandels, Stuttgart 2010.
[37] Vgl. Emilio Gentile, Politics as Religion, Princeton u. a. 2006.
[38] Vgl. Adam Tooze, Ökonomie der Zerstörung. Die Geschichte der Wirtschaft im Nationalsozialismus, München 2007.
[39] Vgl. Mark Antliff, Avant-Garde Fascism. The Mobilization of Myth, Art, and Culture in France, 1909–1939, Durham u. a. 2007.

und Archäologie[40] unterstrichen haben. Ähnliches gilt für den rassistischen Nationalismus der Siebenbürger Sachsen in Rumänien[41] und für den Einsatz von Musik zur Verbreitung der NS-Ideologie im Internet[42]. Besonders vielversprechend sind einige Projekte osteuropäischer Forscher zur Rolle der orthodoxen Religion und des Antisemitismus in der Eisernen Garde und zum Ultranationalismus von Nae Ionescu und Mircea Eliade. Mein kleiner Satz, den ich 1991 in „The Nature of Fascism" geschrieben habe, ist also mittlerweile Bestandteil des neuen Konsens über den Faschismus und trägt die Welle neuer Forschungen mit. Zwar darf man die Bedeutung meiner Interpretation nicht überschätzen, doch mag sie zur Entstehung eines intellektuellen Klimas beigetragen haben, in dem ein neuer Blick auf Faschismus und modernen Extremismus möglich wurde – selbst wenn der Weg dahin dornig war.

Aus dem Englischen übersetzt von Hermann Graml, Thomas Schlemmer und Hans Woller.

---

[40] Vgl. Joshua Arthurs, Excavating Modernity. The Roman Past in Fascist Italy, Ithaca u. a. 2012.
[41] Vgl. Tudor Georgescu, Ethnic Minorities and the Eugenic Promise. The Transylvanian Saxon experiment with national renewal in interwar Romania, in: ERH 17 (2010), S. 861–880.
[42] Vgl. Anton Shekhovtsov, Far Right Music and the Use of Internet. Final Conflict and the British National Party Compared, in: Paul Jackson/Gerry Gable (Hrsg.), Far-Right.com: National Extremism on the Internet, Islington 2011, S. 35–46.

Robert O. Paxton
Kultur und Zivilgesellschaft im Faschismus

1. Faschismusforschung nach dem *cultural turn*

Seit etwa 1990 lassen sich in der Faschismusforschung zwei große Trends ausmachen. Der erste hat mit dem *cultural turn* zu tun, der zu einer beträchtlichen Ausweitung des Themenspektrums geführt hat. Rituale und öffentliche Veranstaltungen, Kleidung, Sprache, Mythen, Gedächtnis und Geschlecht – Aspekte, die man früher für weniger wichtig gehalten hat als die hohe Politik und das Regierungshandeln, sind bevorzugte Themen der Forschung geworden. Diese Ausweitung und Schwerpunktverlagerung war nur angemessen, denn das Spezifische des Faschismus lag ja nicht zuletzt in seinen kulturellen Aktivitäten und Ambitionen. Faschistische Bewegungen und Regime haben schließlich mehr Zeit und Energie in den Versuch investiert, ihre Bürger kulturell und mental zu prägen, als frühere politische Formationen. Das Studium kultureller Elemente scheint mir besonders nützlich, um die Geschichte des Faschismus in zweierlei Hinsicht besser zu verstehen:

Wenn wir, erstens, die Bewegungsphase angemessen erfassen wollen, ist es wichtig, die Sprache, Bilder und Rituale zu begreifen, mit denen faschistische Gruppierungen die politisch-kulturellen Ordnungssysteme ihrer Zeit zu diskreditieren und aus einem weiten Kreis von Unzufriedenen Anhänger zu gewinnen suchten. Wenn wir uns, *zweitens*, der Regimephase zuwenden, genügt es nicht, die Herrschaft des Faschismus lediglich mit Repression und Gewalt zu erklären; immer wichtiger erscheint es vielmehr, die subtilen Mittel und Wege zu erkennen, mit denen faschistische Regime Einstellungen ihrer Bürger formten und deren Verhaltensweisen steuerten.

Die kulturgeschichtlich orientierte Faschismusforschung wirft jedoch einige Probleme auf, wie eine Untersuchung der Ausgaben von drei ebenso einschlägigen wie einflussreichen Zeitschriften seit etwa 1990 zeigt: „Cultural Studies", „The European Journal of Cultural Studies" sowie „Theory, Culture and Society". Diese Zeitschriften vertreten den kulturalistischen Ansatz mit bemerkenswerter Selbstsicherheit und machen kein Hehl daraus, dass sie vor allem an der Welt der Gegenwart und weniger an historischen Fragen interessiert sind. Die Kultur der wichtigsten Entscheidungsträger, etwa der Geschäftsleute, der Parteiführer, der kirchlichen Hierarchien oder der Offiziere wird nahezu ignoriert, während Minderheiten und Randgruppen in den Mittelpunkt der Betrachtung rücken. Wenn sie sich doch einmal dem Faschismus zuwenden – und in 20 Jahrgängen der Zeitschrift „Cultural Studies" habe ich lediglich zwei einschlägige Aufsätze finden können –, so im Zusammenhang mit Sport, Geschlecht und der Nutzung öffentlicher Räume. Dies sind gewiss wichtige Themen, die aber in puncto Relevanz und Repräsentativität nicht über jeden Zweifel erhaben sind.

Das soll nicht heißen, dass die Untersuchung solcher Phänomene nicht gewinnbringend sein kann. Vor allem kulturgeschichtliche Studien über marginale Gruppen und Außenseiter zeigen überzeugend, wie faschistische Bewegungen ihre Feinde definiert haben, und das ist – kein Zweifel – eine Frage von zentraler Bedeutung. Den Gang der Dinge bestimmten aber letztlich doch die Eliten, deren Kultur und Denkprozesse deshalb im Zentrum der Forschung stehen sollten, während kulturalistische Studien aber dazu neigen, sie zu ignorieren. Als Beispiel für derartige Leerstellen kann ein vielbeachtetes Buch aus der Feder von Mark Antliff dienen[1]. Der Autor befasst sich mit drei französischen Intellektuellen – Georges Valois, Philippe Lamour und Thierry Maulnier –, die modernistische Ästhetik mit heroischer Gewalt verbanden. Sein Buch ist kenntnisreich, seine Argumentation nicht ohne Charme. Aber Antliff beendet seine Untersuchung 1939, ohne den Versuch zu machen, den Einfluss zu bestimmen, den diese Intellektuellen auf die öffentliche Meinung in Frankreich oder auf die französische Politik gehabt haben mögen. Tatsächlich diskutierte man Ende 1939 auffallend selten über die Ästhetik der Gewalt, und das ist eigentlich auch nicht verwunderlich, sahen sich die Franzosen doch abermals mit einem Krieg konfrontiert, der nahezu allen Angst und Schrecken einflößte.

Aufs Ganze gesehen sind die kulturalistischen Studien, wie sie gegenwärtig betrieben werden, wenig hilfreich, um die Forschung zu zentralen Fragen der Geschichte des Faschismus voranzubringen. Das gilt für die politischen Machenschaften von Drahtziehern und Kulissenschiebern, die faschistischen Bewegungen den Weg zur Macht ebneten, ebenso wie für die komplexe Interaktion zwischen Führer, Partei und Staat, die faschistischen Regimen ihre spezifische „formlose" Gestalt verlieh[2].

Ein weiteres Problem, das sich aus den kulturalistischen Studien zum Faschismus ergibt, wird deutlich, wenn mit dem Vergleich das hilfreichste

---

[1] Vgl. Mark Antliff, Avant-Garde Fascism. The Mobilization of Myth, Art, and Culture in France, 1909–1939, Durham u. a. 2007.
[2] Vgl. Hannah Arendt, Origins of Totalitarianism, New York 1966, S. 389 f., S. 395, S. 398 und S. 402.

aller analytischen Instrumente unserer Disziplin zum Einsatz kommt. Vergleiche zeigen nämlich, dass viele kulturelle Phänomene, die mit dem Etikett faschistisch versehen werden, gar nicht spezifisch faschistisch sind. Nehmen wir nur das weite Feld der sogenannten faschistischen Kunst. Es ist schwierig, dem Faschismus einen bestimmten Kunststil zuzuordnen, da sich diese Stile von Nation zu Nation unterschieden haben. Die Moderne war, jedenfalls in den 1920er Jahren, aufs engste mit dem Faschismus in Italien verbunden, während sie der Nationalsozialismus heftig bekämpfte. Beide Regime bauten in den 1930er Jahren pompöse neoklassizistische Gebäude – das taten freilich auch demokratische Staaten. Betrachtet man etwa Bauwerke wie das amerikanische Arbeitsministerium in Washington mit seinen Säulen und den Statuen muskulöser Arbeiter, so ist die Ähnlichkeit mit Prestigebauten der NS-Architektur in der Tat frappant.

Nicht anders verhält es sich mit sexueller Identität und sexueller Imagination. Klaus Theweleits berühmte Analyse der Misogynie rechtsextremer Männerbünde in Deutschland nach 1919 lässt, so faszinierend sie ist, viele Fragen offen[3]. Eine davon lautet: Wie können wir ohne ernsthaften Vergleich wissen, dass diese Haltungen kein Gegenstück unter nicht-nationalsozialistischen deutschen Männern hatten oder unter Männern – ob faschistisch oder nicht-faschistisch – in anderen Ländern wie Großbritannien, Frankreich und den USA? Generell gilt: Nationale kulturelle Ausdrucksformen glichen sich im 20. Jahrhundert an, jedenfalls in den am stärksten industrialisierten und urbanisierten Gesellschaften. Diese Angleichung vollzog sich nach dem Zweiten Weltkrieg mit der Entstehung einer globalisierten Konsumgesellschaft besonders schnell. Es gab sie aber auch schon in der Zwischenkriegszeit, wobei Radio, Film, billige Tageszeitungen und Reklame eine große Rolle spielten. Dieser säkulare Angleichungsprozess macht es schwierig, mit kulturellen Begriffen allein zu erklären, warum der Faschismus in einem Land erfolgreich war und in einem anderen scheiterte.

Schließlich ist nicht zu übersehen, dass es kulturalistischen Studien zuweilen an konzeptueller Präzision und empirischer Fundierung mangelt. Vor allem die historische Kontextualisierung lässt häufig zu wünschen übrig. Ein extremes Beispiel dafür ist Diana Rubensteins Untersuchung der *Ecole Normale Supérieure* in Paris. Die Autorin will wissen, warum die *Normale Sup*, der man gewöhnlich linke Neigungen zuschreibt, in den 1930er Jahren so viele pro-faschistische Schriftsteller hervorbrachte. Diese Schule als Einzelfall behandelnd, entdeckt Rubenstein, dass in der dort praktizierten

---

[3] Vgl. Klaus Theweleit, Männerphantasien, 2 Bde., Frankfurt a. M. 1977/78.

Pädagogik Autorität, Hierarchie und Exklusion auf eine Art und Weise dominierten, die ausgezeichnet zur Gedankenwelt des Rechtsextremismus passte. Das Gleiche könnte jedoch auch von der traditionellen Pädagogik im Allgemeinen gesagt werden. Am bemerkenswertesten ist freilich: Diane Rubenstein hält es für bedeutsam (und erwähnenswert), dass die Wörter *write* und *right* in der englischen Sprache gleich klingen[4], wobei es ihr irgendwie entgangen ist, dass Englisch nicht die Sprache ist, die man an der *Ecole Normale Supérieure* spricht.

Keine Frage: Die Erforschung kultureller Aspekte ist zum Verständnis des Faschismus zwar notwendig, aber sie reicht dazu nicht aus. Kulturalistisch orientierte Faschismusforschung ist dann besonders vielversprechend, wenn sie mit Fragen der Macht verbunden wird. Michael Manns Aussage, dass „Ideen ohne Machtorganisationen tatsächlich gar nichts auszurichten vermögen", geht vielleicht zu weit[5]. Ideen gehen Aktionen voraus, sie bereiten den Boden für Aktionen, die freilich nie Realität würden, wenn nicht Machtmittel dahinterstünden. Es gibt etliche exzellente Beispiele für eine derartige Verknüpfung von Kultur und Macht wie Perry Willsons Studie über Management und Frauenarbeit in einer tayloristisch organisierten Maschinenfabrik im faschistischen Italien oder Sven Reichardts Analyse von Gewalt als sozialer Praxis und Ausdrucksform in der Gemeinschaft faschistischer Kampfbünde[6].

2. Faschismus und Zivilgesellschaft

Der zweite große Trend der neueren Faschismusforschung hat mit dem wieder aufgelebten Interesse an der Zivilgesellschaft nach dem Zusammenbruch der sowjetischen Satellitenstaaten in Osteuropa nach 1989/90 zu tun. Ich verstehe Zivilgesellschaft nicht in einem normativen Sinn, als ein zu realisierendes Vorhaben, sondern in einem deskriptiv-analytischen Sinn. Wenn wir die Zivilgesellschaft so begreifen und unser Augenmerk auf die intermediären Organisationen zwischen Individuum und Staat richten, kann das ein sehr fruchtbarer Ansatz zur Analyse des Faschismus sein.

Dieser Standpunkt ist nicht gerade Allgemeingut, vielmehr herrscht die Auffassung vor, die rechten wie die linken Diktaturen des 20. Jahrhunderts

---

[4] Vgl. Diane Rubenstein, What's Left. The Ecole Normale Supérieure and the Right, Madison 1990, S. 15.
[5] Michael Mann, Fascists, Cambridge u. a. 2004, S. 12.
[6] Vgl. Perry R. Willson, The Clockwork Factory. Women and Work in Fascist Italy, Oxford 1993; Sven Reichardt, Faschistische Kampfbünde. Gewalt und Gemeinschaft im italienischen Squadrismus und in der deutschen SA, Köln u. a. 2., durchgesehene und ergänzte Aufl. 2009.

hätten die Zivilgesellschaft nachgerade erdrückt, so dass sie für die Erforschung des Faschismus oder des Kommunismus irrelevant sei. Wie man bei Jürgen Kocka lesen kann, trage das Konzept der Zivilgesellschaft wenig zur Analyse des nationalsozialistischen Deutschland oder der DDR bei, es sei denn, man frage danach, warum die Zivilgesellschaften den beiden deutschen Diktaturen so wenig Widerstand entgegengesetzt hätten[7]. Zweifel an dieser Position sind dennoch erlaubt, denn nur wenn man das totalitäre Modell des Faschismus als bare Münze nimmt, ist ein Blick auf die Zivilgesellschaft überflüssig. Tut man das nicht, kann der Blick auf die Zivilgesellschaft unser Verständnis mancher Aspekte des Faschismus aber durchaus schärfen.

Ein solcher Gesichtspunkt ist die Ausbreitung faschistischer Bewegungen vor ihrer Machtübernahme. Früher hat man, Alexis de Tocqueville folgend, angenommen, eine hochentwickelte Zivilgesellschaft sei der Demokratie förderlich. Faschismus dagegen könne nur in einer atomisierten Massengesellschaft gedeihen, in der keine Organisationen oder Verbände zwischen dem Führer und der Masse stünden. Diese Auffassungen hat man mittlerweile fast gänzlich aufgegeben. Es ist nämlich klar geworden, dass der Faschismus auch dort Erfolg hatte, wo es eine hoch entwickelte Zivilgesellschaft gab. Das galt zum Beispiel für den Faschismus in Norditalien, der hier sehr rasch expandierte, obwohl Gewerkschaften, Parteien, Kirchen, Wirtschaftsverbände und so weiter stark vertreten waren und eigentlich ein Sicherungsnetz gegen den Faschismus hätten bilden müssen. In Süditalien waren die Faschisten dagegen weniger erfolgreich, obwohl hier eigentlich ideale Wachstumsbedingungen vorhanden gewesen wären, weil zwischen den lokalen *padroni* und den zahllosen Bauern keine Zwischeninstanzen standen. Die Großgrundbesitzer und andere Honoratioren im Süden Italiens passten sich nach der Machtübernahme der Faschisten in Rom den neuen Gegebenheiten an und akzeptierten den Faschismus als Herrschaftsform, ohne freilich die Macht mit einer vor Ort gewachsenen faschistischen Bewegung teilen zu müssen.

Die These, dass die Hohlheit einer Massengesellschaft den Faschismus begünstige, die sich etwa bei William Kornhauser und Hannah Arendt findet[8], hat Bernt Hagtvet auf den Prüfstand gestellt und nach allen Regeln der

---

[7] Vgl. Jürgen Kocka, Zivilgesellschaft als historisches Problem und Versprechen, in: Manfred Hildermeier/Jürgen Kocka/Christoph Conrad (Hrsg.), Europäische Zivilgesellschaft in Ost und West, Frankfurt a. M./New York 2008, S. 13–41, hier S. 28.
[8] Vgl. William Kornhauser, The Politics of Mass Society, London 1960, und Arendt, Origins.

Kunst widerlegt[9]. Neueste Forschungen scheinen in der Tat zu belegen, dass durchorganisierte Zivilgesellschaften die Rekrutierung und Expansion faschistischer Bewegungen sogar begünstigen können, weil intermediäre zivilgesellschaftliche Organisationen Gewalttätigkeit ebenso ausbrüten können wie Friedfertigkeit. Rudy Koshar machte beispielsweise deutlich[10], dass die Konversion zum Nationalsozialismus nicht nur individuell, sondern auch en bloc erfolgte, wenn NS-Sympathisanten bürgerliche Organisationen infiltrierten und schließlich „umdrehten". Und Sheri Berman hat in einem wichtigen Aufsatz gezeigt, dass dabei nicht die Dichte der Zivilgesellschaft den Ausschlag gegeben hat, sondern die Art ihres Aufbaus. Eine Segregation von Vereinen und Verbänden entlang der Klassenschranken habe Polarisierung und Exklusion und damit den Aufstieg der Faschisten begünstigt[11].

Wie auch sonst, sind hier komparative Analysen hilfreich. Ein klassisches Beispiel ist Jürgen Kockas Vergleich zwischen den Angestellten in den Vereinigten Staaten und im Deutschen Reich[12]. Kocka fragte, warum diese Vertreter der neuen Mittelschicht in den USA trotz der Weltwirtschaftskrise überwiegend Demokraten blieben, während in Deutschland die größte Angestelltenvereinigung, der Deutschnationale Handlungsgehilfen-Verband, schon frühzeitig die Nationalsozialisten unterstützte. Der Gegensatz, so Kocka, war das Ergebnis divergierender historischer Entwicklungen, zu denen etwa die unterschiedliche Ausprägung von Klassengegensätzen und sozialer Segmentierung gehörten, ferner divergierende Hoffnungen auf soziale Mobilität und ein anders geartetes Vertrauen in die bestehenden Institutionen.

Vor kurzem hat der amerikanische Soziologe Dylan Riley detailliert untersucht, auf welche Weise eine gut organisierte Zivilgesellschaft zum Aufstieg des Faschismus in Italien, Spanien und Rumänien beigetragen hat[13]. Und auch Sven Reichardt konnte zeigen, wie eine Zivilgesellschaft bei tiefer

---

[9] Vgl. Bernt Hagtvet, The Theory of Mass Society and the Collapse of the Weimar Republic. A Reexamination, in: Stein U. Larsen/Bernt Hagtvet/Jan Petter Myklebust (Hrsg.), Who were the Fascists. Social Roots of European Fascism, Bergen u. a. 1980, S. 66–117.
[10] Vgl. Rudy Koshar, Social Life, Local Politics, and Nazism. Marburg 1880–1936, Chapel Hill u. a. 1986.
[11] Vgl. Sheri Berman, Civil Society and the Collapse of the Weimar Republic, in: World Politics 49 (1997), S. 401–429.
[12] Vgl. Jürgen Kocka, Angestellte zwischen Faschismus und Demokratie, Göttingen 1977.
[13] Vgl. Dylan J. Riley, The Civic Foundations of Fascism in Europe: Italy, Spain and Romania 1870–1945, Baltimore 2010.

Klassenspaltung und politischer Polarisierung die Neigung zu gewaltsamen Lösungen verstärken und verbreiten kann[14].

Einige Faschismusforscher haben die Frage aufgeworfen, ob die individualistische Konsumgesellschaft, die sich seit dem Zweiten Weltkrieg, von Nordamerika ausgehend, in Europa ausgebreitet und mittlerweile auch den Rest der Welt erfasst hat, gegen faschistische Versuchungen immunisieren könne[15]. Sind junge Leute, so fragen sie, angesichts der zahllosen Möglichkeiten in den sozialen Netzwerken mehr oder weniger bereit, ihre Individualität einer Massenbewegung unterzuordnen? Wahrscheinlich weniger, aber die Frage bleibt offen.

Die Beschäftigung mit Zivilgesellschaften und intermediären Körperschaften kann auch mit Blick auf faschistische Regime sehr erhellend sein. Wie tief vermag ein faschistisches Regime eine Zivilgesellschaft zu durchdringen und zuvor autonome Vereinigungen in Instrumente des Regimes zu verwandeln? Sind Teile der Zivilgesellschaft angesichts eines totalitären Anpassungsdrucks fähig, ein gewisses Maß an Eigenständigkeit und Eigensinn zu wahren? Die Konflikte, die sich hinter solchen Fragen verbergen, sind nicht einfach durch brutale Gewalt geregelt worden; dies war nicht einmal im nationalsozialistischen Deutschland der Fall. Es lassen sich vielmehr informelle Aushandlungsprozesse beobachten, wobei das Regime und mächtige gesellschaftliche Gruppen wie Kirchen und Wirtschaftsverbände zu pragmatischen Lösungen fanden – nicht zuletzt mit dem Ziel, ihre vereinte Macht gegen die Linke einsetzen zu können –, die sich schließlich zu einem „Herrschaftskompromiß" verdichteten, um mit Wolfgang Schieder zu sprechen[16]. Diese informellen Aushandlungsprozesse gab es – mit etwas unterschiedlichen Resultaten – sowohl im Dritten Reich als auch im faschistischen Italien. Hier finden wir ein faszinierendes Feld für empirische For-

---

[14] Vgl. Sven Reichardt, Selbstorganisation und Zivilgesellschaft. Soziale Assoziationen und politische Mobilisierung in der deutschen und italienischen Zwischenkriegszeit, in: Ralph Jessen/Sven Reichardt/Ansgar Klein (Hrsg.), Zivilgesellschaft als Geschichte. Studien zum 19. und 20. Jahrhundert, Opladen 2003, S. 219–238.
[15] Vgl. Richard J.B. Bosworth, The Italian Dictatorship. Problems and Perspectives in the Interpretation of Mussolini and Fascism, London 1998; zu einem speziellen Fall vgl. Victoria De Grazia, How Fascism Ruled Women, Berkeley/Los Angeles 1992.
[16] So das Referat von Wolfgang Schieder, in: Der italienische Faschismus. Probleme und Forschungstendenzen, München 1983, S. 60–67, hier S. 62. Ein vergleichbarer Begriff („compromesso autoritario") findet sich bei Massimo Legnani, Sistema di potere fascista, blocco dominante, alleanze sociali. Contributo a una discussione, in: Angelo Del Boca/Massimo Legnani/Mario G. Rossi (Hrsg.), Il regime fascista. Storia e storiografia, Rom/Bari 1995, S. 414–445, hier S. 418–426.

schung, das kaum zu erkennen ist, wenn wir den totalitären Anspruch des Faschismus wörtlich nehmen, Staat und Gesellschaft bis ins Letzte zu durchdringen.

Besondere Aufmerksamkeit verdient in diesem Zusammenhang die Religion, deren Verhältnis zum Faschismus mehr als kompliziert ist. Einige Gelehrte haben die Auffassung vertreten, dass Religion eine ganz eigene Loyalität begründe, die den Versuchen faschistischer Regime zuwiderlaufe, eine totalitäre Gesellschaft zu schaffen. In ihren Augen fand der Faschismus dort den besten Nährboden, wo im Zuge der Säkularisierung religiöse Milieus und Hochburgen beseitigt worden sind[17]. Dass der Nationalsozialismus bei den Wahlen vor 1933 in den katholischen Regionen Deutschlands relativ schlecht abgeschnitten hat, scheint diese Ansicht zu bestätigen. Die entscheidende Unterstützung, die das NS-Regime in seiner Frühphase von der katholischen Kirche bekam, vor allem bei der Verabschiedung des Ermächtigungsgesetzes am 24. März 1933, zeigt aber, dass Nationalsozialisten und Katholiken durchaus eine gemeinsame Basis im Antikommunismus, im Antisemitismus und auch im Nationalismus finden konnten[18]. Auch Mussolinis Regime profitierte nach dem Abschluss der Lateranverträge von der Auffassung der Amtskirche, dass zwar das faschistische Heidentum und die faschistische Vergötzung der Nation verwerflich seien, dass jedoch der Kommunismus als der gefährlichere Feind gelten müsse.

Außerhalb des spezifisch westeuropäischen Kontexts von Säkularisierung und Antiklerikalismus gingen Wiedergeburts- und Reinigungsbewegungen, die Ähnlichkeit mit dem Faschismus aufweisen, stärker von Religionen als von Staaten aus. Die Staaten des Mittleren Ostens, zumeist Monarchien oder traditionelle Diktaturen, besaßen weit weniger Legitimität als der Islam. Das gilt auch für Indien und seine militanten Hindus. Die auf den Islam oder den Hinduismus gegründeten Massenbewegungen sind jedoch in wesentlichen Punkten anders als die klassischen Faschismen. Sie entstehen nicht aus der Ablehnung gescheiterter Demokratien; sie zwingen politische Führer dazu, die Macht mit Geistlichen zu teilen, und sie versuchen nicht, den Glanz und die Größe von Nationalstaaten zu mehren.

Das Verhältnis zwischen Faschismus und Zivilgesellschaft muss als dynamischer Prozess betrachtet werden, bei dem die Anstrengungen des Regimes,

---

[17] Vgl. etwa Michael Burleigh, The Third Reich. A New History, New York 2000, S. 205 f.; einige faschistische Bewegungen, vor allem in Finnland, Rumänien und Spanien, waren offener christlich.
[18] Richard Steigmann-Gall, Holy Reich. Nazi Conceptions of Christianity 1919–1945, New York u. a. 2003, erforscht diese gemeinsame Basis am gründlichsten.

alles und jedes zu regulieren, mit dem Selbstbehauptungswillen traditioneller Eliten kollidieren, die eine gewisse Eigenständigkeit behaupten wollen. Einige einflussreiche Organisationen konnten das neue Regime sogar für ihre eigenen Interessen einspannen.

Der Blick auf die Zivilgesellschaft kann auch helfen, das Instrumentarium der vergleichenden Faschismusforschung zu schärfen. Beim schwierigen Geschäft des Vergleichs ist es besser, bestimmte soziale Institutionen wie Kirchen, Familien, Studentenverbindungen oder Wirtschaftsverbände in den Blick zu nehmen, als die Makro-Ebene zu betrachten. Vergleicht man Deutschland und Italien unter dem Aspekt der Zivilgesellschaft, dürfte sich zeigen, dass die Unterschiede zwischen dem Staat Hitlers und der Diktatur Mussolinis weniger auf Divergenzen der beiden Bewegungen als auf die Eigenheiten der Gesellschaften zurückzuführen waren, in denen Nationalsozialisten und Faschisten zu agieren hatten.

Das Konzept der Zivilgesellschaft hat eine lebhafte Debatte ausgelöst. Die Kritiker finden seinen Gehalt zu vage, seine Grenzen zu unscharf; vieles daran sei fast rätselhaft, weil nicht deutlich werde, ob es sich um ein heuristisches Instrument oder um eine normative Kategorie handle. Vielleicht sollte man sich die Zivilgesellschaft als einen Raum vorstellen, als ein umkämpftes Terrain, wobei die Kämpfe nicht nur zwischen Diktator und Gesellschaft stattfinden, sondern auch zwischen dem Diktator, seiner Partei und mächtigen Gruppen von Gesellschaft und Wirtschaft ausgetragen werden. Wenn man das Konzept der Zivilgesellschaft ernst nimmt und es insbesondere in vergleichender Perspektive nutzt, öffnet sich ein weites Feld. Dies zeigt aber, dass die Faschismusforschung weit davon entfernt ist, an ein Ende gelangt zu sein, sondern dass sie im Gegenteil zu neuen Horizonten aufbrechen kann.

Aus dem Englischen übersetzt von Hermann Graml und Hans Woller.

VERFOLGUNG UND REPRESSION VON HOMOSEXUELLEN IN DER NS-ZEIT

Michael Schwartz (Hrsg.)
HOMOSEXUELLE IM NATIONALSOZIALISMUS
Neue Forschungsperspektiven zu Lebenssituationen von lesbischen, schwulen, bi-, trans- und intersexuellen Menschen 1933 bis 1945

Zeitgeschichte im Gespräch, Band 18
2014. 146 Seiten
Broschur
€ 16,95 · ISBN 978-3-486-74189-6
eBook (PDF)
€ 16,95 · ISBN 978-3-486-85750-4
eBook (EPUB)
€ 16,95 · ISBN 978-3-486-99079-9
Print + eBook
€ 29,95 · ISBN 978-3-486-85751-1

Wie lebten homosexuelle, bi-, trans- und intersexuelle Menschen in der NS-Zeit? Welchen Verfolgungsmaßnahmen waren sie ausgesetzt? Diese und andere Fragen beantwortet der vorliegende Sammelband, für den das Institut für Zeitgeschichte München-Berlin und die Bundesstiftung Magnus Hirschfeld verantwortlich zeichnen. Dabei stehen nicht nur Polizei und Justiz im Fokus, sondern auch die politisch-administrative und die gesellschaftliche Repression. Überdies zeigen die Autorinnen und Autoren die ganze Vielfalt von Lebenssituationen auf – von Isolation über Tolerierung bis zur Unterstützung des Regimes. Neben der vergleichsweise gut erforschten Geschichte homosexueller Frauen und Männer geht es dabei auch um die bisher wenig beachteten Gruppen bi-, trans- und intersexueller Menschen – ein Ansatz, der Licht in ein kaum bekanntes Kapitel der Gesellschaftsgeschichte des Dritten Reichs bringt.

Michael Schwartz ist wissenschaftlicher Mitarbeiter am Institut für Zeitgeschichte München-Berlin, Abteilung Berlin, sowie apl. Professor für Neuere und Neueste Geschichte an der Westfälischen Wilhelms-Universität Münster.

degruyter.com

Fernando Esposito
Faschismus und Moderne

1. „Aufstände älterer Schichten gegen die Zivilisation"[1].
Der Faschismus als Anachronismus

Die im Faschismus präsenten Atavismen, die Fragen nach seiner reaktionären Ausrichtung und folglich auch nach seinem Verhältnis zu Modernisierung und Moderne prägten seine Analyse von Beginn an. So deutete etwa Ernst Bloch den Nationalsozialismus 1935 als Ausdruck der Ungleichzeitigkeit. Da sich der Nationalsozialismus dem „Lauf der Geschichte" widersetzte, der auf die Verwirklichung des Kommunismus hinzielte, erwies er sich aus marxistischer Sicht eben als unzeitgemäß und somit als geradezu paradigmatisch unmodern. Nicht zuletzt infolge dieser Interpretation verhielten sich Faschismus und Moderne jahrzehntelang auch in der Forschung wie der Teufel und das Weihwasser. Die Modernität des Faschismus war höchstens als „reaktionärer Modernismus" – also als Paradoxon – denkbar[2]; galt es doch als unauflösbarer Widerspruch, dass die Faschisten einerseits die politischen Werte der Aufklärung und die soziale Wirklichkeit der industriellen Welt ablehnten und sich andererseits die technische Modernität und instrumentelle Rationalität aneigneten, die damit aufs Engste verzahnt schienen.

Diese Sichtweise änderte sich erst im Zuge der kritischen Auseinandersetzung mit den normativen Grundlagen der Modernisierungstheorie und der Historisierung der Moderne selbst, die mit dem Ende des Nachkriegsbooms einsetzte[3]. Erst als *die* Moderne nicht mehr mit dem „Projekt der Moderne", das heißt mit dem in der Aufklärung gründenden, westlich-liberalen oder sozialistischen Prozess fortschrittsgerichteter Freiheitsentfaltung, gleich-

---

[1] Ernst Bloch, Erbschaft dieser Zeit. Erweiterte Ausgabe, Frankfurt a. M. 1985, S. 111; zum Folgenden vgl. insbesondere S. 104 ff. dieses 1935 erstmals erschienenen Werks.
[2] Vgl. Jeffrey Herf, Reactionary modernism. Technology, culture, and politics in Weimar and the Third Reich, Cambridge 1984.
[3] Vgl. Anselm Doering-Manteuffel/Lutz Raphael, Nach dem Boom. Perspektiven auf die Zeitgeschichte seit 1970, Göttingen 2., ergänzte Aufl. 2010. Zur Modernisierungstheorie vgl. etwa David Ekbladh, The Great American Mission. Modernization of an American World Order, Princeton 2010, und Nils Gilman, Mandarins of the Future. Modernization Theory in Cold War America, Baltimore 2003.

gesetzt wurde[4], war der Blick frei für die alternative faschistische Moderne, die bisher am überzeugendsten von Detlev Peukert, Zygmunt Bauman, Peter Fritzsche und Roger Griffin beschrieben wurde[5]. Im Folgenden gilt es zunächst, einige Schneisen in das Dickicht der Forschung zu schlagen[6]. Dann wird der entscheidende Nexus von Faschismus und Moderne erörtert, der gegenwärtig im Zentrum des Interesses steht.

2. Von der Modernisierung zur Moderne

Will man etwas Ordnung in die Debatte bringen, ist es unerlässlich, zwischen Modernisierung und Moderne zu differenzieren, zumal sich entlang dieser Scheidelinie in den 1990er Jahren ein neuer, weniger sozial- als kulturgeschichtlich motivierter Blick auf den Faschismus ergab. Damit Hand in Hand ging der Übergang von einem affirmativen zu einem kritischen Verständnis von Moderne.

Die Umrisse der wissenschaftlichen Auseinandersetzung mit der Frage nach der modernisierenden Wirkung des Faschismus ergaben sich bereits in den 1960er Jahren aus Veröffentlichungen von Ralf Dahrendorf und David Schoenbaum[7]. Wurzelte die Modernität der bundesdeutschen Gesellschaft in einer intendierten oder in einer unintendierten Modernisierungsleistung der Nationalsozialisten oder erschöpfte sich letztere in einer, so Hans

---

[4] Vgl. Jürgen Habermas, Die Moderne – ein unvollendetes Projekt, in: ders., Kleine Politische Schriften, Frankfurt a. M. 1981, S. 444–464.
[5] Vgl. Detlev J.K. Peukert, Volksgenossen und Gemeinschaftsfremde. Anpassung, Ausmerze und Aufbegehren unter dem Nationalsozialismus, Köln 1982; Detlev J.K. Peukert, Max Webers Diagnose der Moderne, Göttingen 1989; Zygmunt Bauman, Modernity and the Holocaust, Ithaca 1989; Zygmunt Bauman, Modernity and Ambivalence, Oxford u. a. 1991; Peter Fritzsche, Nazi Modern, in: Modernism/Modernity 3 (1996) H.1, S.1–21; Roger Griffin, Modernism and Fascism. The Sense of a Beginning under Mussolini and Hitler, New York u. a. 2007.
[6] Zu Faschismus und Modernisierung allgemein vgl. Stanley G. Payne, A History of Fascism 1914–45, London ²1997, S. 471–486, sowie Christof Dipper, Faschismus und Moderne. Gesellschaftspolitik in Italien und Deutschland, in: Lutz Klinkhammer/Amedeo Osti Guerrazzi/Thomas Schlemmer (Hrsg.), Die „Achse" im Krieg. Politik, Ideologie und Kriegführung 1939–1945, Paderborn u. a. 2010, S. 49–79. Einen ausgezeichneten Überblick zur Debatte über die Modernität des Nationalsozialismus liefert Riccardo Bavaj, Die Ambivalenz der Moderne im Nationalsozialismus. Eine Bilanz der Forschung, München 2003.
[7] Vgl. Ralf Dahrendorf, Gesellschaft und Demokratie in Deutschland, München 1965, und David Schoenbaum, Hitler's Social Revolution. Class and Status in Nazi Germany 1933–1939, London 1966.

Mommsen, „vorgetäuschten Modernisierung"[8]? Nach Rainer Zitelmanns Buch über Hitler aus dem Jahr 1987 und seinem vier Jahre später gemeinsam mit Michael Prinz herausgegebenen Sammelband über „Nationalsozialismus und Modernisierung" flammte die Auseinandersetzung in der Bundesrepublik nochmals auf; sie wurde nicht zuletzt vor dem Hintergrund des Historikerstreits recht heftig geführt, bis sie etwa Mitte der 1990er Jahre zu verglimmen begann[9].

Mehr oder weniger parallel wurde auch die Frage nach einer faschistischen Modernisierung Italiens aufgeworfen. Abgesehen von Renzo De Felice und vielleicht noch Ludovico Garruccio, spielte sich der Disput zunächst hauptsächlich zwischen den amerikanischen Historikern Edward R. Tannenbaum, Roland Sarti, Henry Ashby Turner und dem Politikwissenschaftler A. James Gregor ab[10]. Stellte der Faschismus wie der Nationalsozialismus eine, so Turner, extreme Form des „utopischen Antimodernismus" dar oder war er, so Gregor, das Musterbeispiel einer „mass-mobilizing and modernizing [developmental]-dictatorship"[11]? Tim Mason zog 1987/88 jedenfalls ein erstes Resümee der Kontroverse und machte, nicht zuletzt unter Verweis auf

---

[8] Hans Mommsen, Nationalsozialismus als vorgetäuschte Modernisierung, in: Walter Pehle (Hrsg.), Der historische Ort des Nationalsozialismus, Frankfurt a. M. 1990, S. 31–46, und Horst Matzerath/Heinrich Volkmann, Modernisierungstheorie und Nationalsozialismus, in: Jürgen Kocka (Hrsg.), Theorien in der Praxis des Historikers. Forschungsbeispiele und ihre Diskussion, Göttingen 1977, S. 82–102.
[9] Vgl. Rainer Zitelmann, Hitler – Selbstverständnis eines Revolutionärs, Hamburg 1987; Michael Prinz/Rainer Zitelmann (Hrsg.), Nationalsozialismus und Modernisierung, Darmstadt 1991; Christof Dipper, Modernisierung des Nationalsozialismus, in: NPL 36 (1991), S. 450–456; Norbert Frei, Wie modern war der Nationalsozialismus?, in: GuG 19 (1993), S. 367–387; Günter Könke, „Modernisierungsschub" oder relative Stagnation? Einige Anmerkungen zum Verhältnis von Nationalsozialismus und Moderne, in: GuG 20 (1994), S. 584–608; Axel Schildt, NS-Regime, Modernisierung und Moderne. Anmerkungen zur Hochkonjunktur einer andauernden Diskussion, in: Tel Aviver Jahrbuch für deutsche Geschichte 23 (1994), S. 3–22; Hans Mommsen, Noch einmal: Nationalsozialismus und Modernisierung, in: GuG 21 (1995), S. 391–402.
[10] Vgl. Renzo De Felice, Le interpretazioni del fascismo, Rom u. a. 1969; Ludovico Garruccio, L'industrializzazione tra nazionalismo e rivoluzione. Le ideologie politiche di paesi in via di sviluppo, Bologna 1969; Edward R. Tannenbaum, The Goals of Italian Fascism, in: AHR 74 (1969), S. 1183–1204; Roland Sarti, Fascist Modernization in Italy: Traditional or Revolutionary?, in: AHR 75 (1970), S. 1029–1045; Henry Ashby Turner, Fascism and Modernization, in: World Politics 24 (1972), S. 547–564; A. James Gregor, Fascism and Modernization. Some Addenda, in: World Politics 26 (1974), S. 370–384; A. James Gregor, Italian Fascism and Developmental Dictatorship, Princeton 1979; Nicola Tranfaglia, Fascismi e modernizzazione in Europa, Turin 2001.
[11] Gregor, Fascism and Modernization, S. 379.

Hans-Ulrich Wehlers „Modernisierungstheorie und Geschichte", auf das zugrunde liegende, die Konsensfindung behindernde Dilemma aufmerksam: die Normativität der Begriffe Moderne und Modernisierung[12].

Da der Begriff Modernisierung positiv konnotiert war und im Wesentlichen mit den Adjektiven „politisch progressiv und emanzipativ" gleichgesetzt wurde, verbot sich seine Verknüpfung mit dem antimarxistischen, antiliberalen und verbrecherischen Faschismus[13]. Zudem ergaben sich im Kontext des Kalten Krieges aus dieser Konnotation auch politische Implikationen: Wer Faschismus und Modernisierung zusammendachte, stellte das zunächst vornehmlich marxistische Dogma eines reaktionären Faschismus in Frage und geriet leicht in den Verdacht des rechten Revisionismus[14]. Die Vertreter jener Historikergeneration, die ihre Kindheit noch im Schatten der Diktatur verbracht hatte und während des Booms sozialisiert worden war, hielten jedenfalls weiterhin am „Projekt der Moderne" fest. Angesichts der positiven Entwicklung Italiens und der Bundesrepublik Deutschland, die sie selbst erlebt hatten und als Modernisierung verstanden, ist es nicht verwunderlich, dass sie vor allem die Früchte der Liberalisierung sahen und weniger die Ambivalenz der Moderne, die erst nach und nach in den Blick geriet[15].

---

[12] Vgl. Tim Mason, Italy and Modernization. A Montage, in: History Workshop 25 (1988), S. 127–147, hier S. 137. Vgl. auch Hans-Ulrich Wehler, Modernisierungstheorie und Geschichte, Göttingen 1975, S. 60f.

[13] Wer in der Bundesrepublik nach dem Verhältnis von Faschismus und Modernisierung fragte, tat dies zudem vor dem Hintergrund des „deutschen Sonderwegs". Implizit wie explizit wurde also die Verwandtschaft der „pathologischen" Abweichung mit dem Normal- und Idealpfad westlicher Entwicklung verhandelt. Vgl. Thomas Welskopp, Identität ex negativo. Der „deutsche Sonderweg" als Metaerzählung in der bundesdeutschen Geschichtswissenschaft der siebziger und achtziger Jahre, in: Konrad H. Jarausch/Martin Sabrow (Hrsg.), Die historische Meistererzählung. Deutungslinien der deutschen Nationalgeschichte nach 1945, Göttingen 2002, S. 109–139; Thomas Mergel, Die Modernisierungstheorie auf dem Weg zu einer Theorie der Moderne, in: ders./Thomas Welskopp (Hrsg.), Geschichte zwischen Kultur und Gesellschaft. Beiträge zur Theoriedebatte, München 1997, S. 203–232. In Italien hingegen dürfte die andauernde Selbstwahrnehmung als zumindest teilweise „zurückgebliebenes" Land eine bedeutende Rolle dabei gespielt haben, so dass von den beiden positiv konnotierten Begriffen weiterhin ein magischer Zauber auszugehen schien (vgl. Mason, Italy and Modernization, S. 131f.). Dies bestätigt auch Renzo De Felice, Der Faschismus. Ein Interview von Michael A. Ledeen, Stuttgart 1977, S. 39.

[14] Vgl. hierzu Gustavo Corni, Die Utopie des Faschismus: Ruralisierung und „Neue Städte", in: Wolfgang Hardtwig (Hrsg.), Utopie und politische Herrschaft im Europa der Zwischenkriegszeit, München 2003, S. 97–118.

[15] Zur Liberalisierung vgl. Ulrich Herbert, Liberalisierung als Lernprozeß. Die Bundesrepublik in der deutschen Geschichte – eine Skizze, in: ders. (Hrsg.), Wandlungs-

Indessen breitete sich im alternativen Milieu und in intellektuellen Nischen, die wenig später als postmarxistisch, poststrukturalistisch, postkolonialistisch oder aber auch schlichtweg als postmodern bezeichnet werden sollten, seit den späten 1960er Jahren eine dezidierte Skepsis, wenn nicht gar eine Ablehnung des Modernisierungsparadigmas der *trente glorieuses* und des westlichen Fortschritts aus[16].

Im Windschatten der Diskussionen um Nationalsozialismus und Modernisierung begann sich Ende der 1980er Jahre zudem ein weiterer, gewissermaßen synthetischer Sehepunkt zu etablieren: Modernisierung sollte weder idealisiert noch verteufelt, sondern schlichtweg kritisch hinterfragt und historisiert werden. Ohnehin verlagerte sich der Fragehorizont allmählich vom Verlaufsprozess der Modernisierung zur Zustandsbeschreibung der Moderne. Zwar ist es stets wohlfeil, derartige ideengeschichtliche Transformationen an einzelnen Personen und Schriften festzumachen. Es scheint indes plausibel, im Werk Detlev Peukerts einen Indikator, aber auch einen Faktor für diesen Wandel zu sehen[17]. Unverdächtig, einer Relativierung nationalsozialistischer Verbrechen das Wort reden zu wollen, mit erheblichem sozialgeschichtlichen Kapital ausgestattet und die Impulse aus der aufstrebenden Alltagsgeschichte aufnehmend, vermochte es Peukert, unter anderem in der Auseinandersetzung mit dem modernisierungstheoretischen Säulenheiligen Max Weber eine „kritische Theorie der Moderne" zu etablieren. Diese hielt sich, so Frank Bajohr, „gleichermaßen von Fortschrittsapologien wie kulturpessimistischen fin de siècle-Stimmungen frei" und nahm sich „eine ‚skeptisch-fragende Entkoppelung von Moderne und Fortschritt'" vor[18].

Fast gleichzeitig zu Peukerts Hinweis auf die „Genesis der Endlösung aus dem Geiste der Wissenschaft"[19] machte auch Zygmunt Bauman auf den Zusammenhang von „okzidentaler Rationalisierung" und Holocaust aufmerksam. Der Holocaust sei „keineswegs [als] das irrationale Hervor-

---

prozesse in Westdeutschland. Belastung, Integration, Liberalisierung 1945–1980, Göttingen 2002, S. 7–49.

[16] Jean Fourastié, Les trente glorieuses. Ou la revolution invisible de 1946 à 1975, Paris 1979.

[17] Über die in Anm. 5 hinaus zitierten Titel von Detlev J.K. Peukert vgl. dessen viel beachtetes Buch Die Weimarer Republik. Krisenjahre der Klassischen Moderne, Frankfurt a. M. 1987, sowie August Nitschke u. a. (Hrsg.), Jahrhundertwende. Aufbruch in die Moderne, Reinbek bei Hamburg 1990.

[18] Frank Bajohr, Detlev Peukerts Beiträge zur Sozialgeschichte der Moderne, in: ders./Werner Johe/Uwe Lohalm (Hrsg.), Zivilisation und Barbarei. Die widersprüchlichen Potentiale der Moderne, Hamburg 1991, S. 7–16, hier S. 8.

[19] Vgl. Peukert, Diagnose der Moderne, S. 102–121.

brechen nicht überwundener Relikte prämoderner Barbarei" zu verstehen, sondern als „ein legitimer Bewohner im Haus der Moderne"[20]. Wurde der von Bauman thematisierte Zusammenhang zwischen instrumenteller Vernunft, dem modernen Gärtnerstaat und dem millionenfachen Mord an den europäischen Juden auch breit rezipiert, so schöpfte man seine wegweisende Deutung kaum in ihrer vollen Tragweite aus.

Resümierend wird man sagen können: Spätestens im Zuge der 1990er Jahre und der vielfältigen Debatten um eine reflexive Modernisierung, eine Modernisierung der Moderne, eine zweite, späte, flüchtige oder Postmoderne wurde der Verlaufsbegriff Modernisierung stillgestellt; er geriet zunehmend in den Hintergrund[21]. An seine Stelle trat eine ihrer Normativität beraubte Moderne, deren Semantik sich vervielfältigte und die selbst gleichsam pluraler wurde. Nun kam auch die Rede von alternativen Modernen und von „multiple modernities" auf[22]. Damit ließen sich ein faschistischer Modernismus und eine faschistische Moderne diskutieren und beschreiben, was Jeffrey Schnapp, Barbara Spackmann, Andrew Hewitt, Emilio Gentile, Walter Adamson, Emily Braun und schließlich Ruth Ben-Ghiat auch taten[23].

Es ist hier nicht möglich, diesen Wandel differenzierter zu kontextualisieren. Man kann aber festhalten, dass sich der Fokus der Geschichtswissenschaft nicht zuletzt im Zuge des *cultural turn*[24] von den Basisprozessen der

---

[20] Zygmunt Bauman, Dialektik der Ordnung. Die Moderne und der Holocaust, Hamburg 1992, S. 31.
[21] Vgl. Doering-Manteuffel/Raphael, Nach dem Boom, S. 135 f. Zu den Debatten vgl. Zygmunt Bauman, Flüchtige Moderne, Frankfurt a. M. 2003; Ulrich Beck, Risikogesellschaft. Auf dem Weg in eine andere Moderne, Frankfurt a. M. 1986; Ulrich Beck/Anthony Giddens/Scott Lash, Reflexive Modernisierung. Eine Kontroverse, Frankfurt a. M. 1996; Ulrich Beck/Wolfgang Bonß (Hrsg.), Die Modernisierung der Moderne, Frankfurt a. M. 2001. Für einen Überblick zur „Postmoderne" vgl. Wolfgang Welsch, Unsere postmoderne Moderne, Weinheim ³1991.
[22] Zum Konzept der *multiple modernities* vgl. zwei Arbeiten von Shmuel N. Eisenstadt: Die Vielfalt der Moderne, Weilerswist 2000, und Multiple Modernities, in: Daedalus 129 (2000), S. 1–29.
[23] Vgl. Jeffrey Schnapp/Barbara Spackmann (Hrsg.), Fascism and Culture, Saratoga 1990 (Stanford Italian Review – Special Issue); Andrew Hewitt, Fascist Modernism. Aesthetics, Politics, and the Avant-Garde, Stanford 1993; Emilio Gentile, The Conquest of Modernity. From Modernist Nationalism to Fascism, in: Modernism/Modernity 1 (1994) H. 3, S. 55–87; Walter L. Adamson, The Culture of Italian Fascism and the Fascist Crisis of Modernity. The Case of *Il Selvaggio*, in: JCH 30 (1995), S. 555–575; Emily Braun, Mario Sironi and Italian Modernism. Art and Politics under Fascism, Cambridge 2000; Ruth Ben-Ghiat, Fascist Modernities. Italy, 1922–1945, Berkeley u. a. 2004.
[24] Vgl. Ute Daniel, Clio unter Kulturschock. Zu den aktuellen Debatten der Geschichtswissenschaft. 2 Teile, in: GWU 48 (1997), S. 195–218 und S. 259–278.

Modernisierung, also von den strukturellen Veränderungen, die im Zuge der Doppelrevolution seit dem späten 18. Jahrhundert das wirtschaftliche, soziale und politische Gefüge Europas veränderten, nun auf die Sinndimension verlagerte. Im Mittelpunkt der Aufmerksamkeit standen jetzt die kulturellen und ideellen Ordnungsvorstellungen, mit deren Hilfe der radikale, sich beschleunigende Wandel in Gang gesetzt, zugleich aber auch erfahren, sinnhaft gedeutet und gesteuert wurde. Erst durch diesen Perspektivenwechsel zeigte sich, dass der Faschismus aus einer der „Krisen" der Moderne hervorgegangen war und dass er als ihr geradezu paradigmatischer Ausdruck verstanden werden konnte. Wie George Mosse betont hat, stellte der Faschismus eine „kulturelle Revolution" dar, die – und sei es mit Gewalt – danach trachtete, eine vom liberalen, marxistischen oder konservativen Modell abweichende Ordnung der Welt zu etablieren, also eine alternative Moderne zu schaffen[25].

3. Der Faschismus und die mythische Moderne

Das erkenntnisleitende Interesse, das sich spätestens seit Mitte der 1990er Jahre etablierte, richtete sich also nicht mehr auf das Paradox von technisch-wissenschaftlicher und ökonomischer „Fortschrittlichkeit" einerseits und politischer, verfassungsmäßiger und interventions- oder wohlfahrtsstaatlicher „Rückständigkeit" andererseits. Anstatt ein liberal-demokratisches Ideal als Vergleichsmaßstab für Modernität vorauszusetzen, wurde nun vielmehr die Jahrhundertwende beziehungsweise die etwa von den 1880/90er bis in die 1930er Jahre währende „klassische Moderne" als „Laboratorium", als offenes Experiment begriffen, das es aus kultur-, erfahrungs- und ideengeschichtlicher Sicht zu untersuchen galt[26]. Wie nahmen die Zeitgenossen den radikalen Wandel wahr, den sie erlebten, mit welchen Ordnungsvorstellungen und -entwürfen begegneten sie ihm? „Hier entwarfen", so Lutz Raphael,

---

[25] Zum Faschismus als Kind der Krise der Moderne vgl. Wolfgang Schieder, Die Geburt des Faschismus aus der Krise der Moderne, in: Christof Dipper (Hrsg.), Deutschland und Italien 1860–1960. Politische und kulturelle Aspekte im Vergleich, München 2005, S. 159–179; zum Faschismus als paradigmatischer Ausdruck der Moderne vgl. Fernando Esposito, Mythische Moderne. Aviatik, Faschismus und die Sehnsucht nach Ordnung, München 2011; zum Faschismus als kulturelle Revolution vgl. George L. Mosse, The Fascist Revolution. Toward a General Theory of Fascism, New York 1999.
[26] Vgl. Ulrich Herbert, Europe in High Modernity. Reflections on a Theory of the 20th Century, in: JMEH 5 (2007), S. 5–21, und Lutz Raphael, Ordnungsmuster der „Hochmoderne"? Die Theorie der Moderne und die Geschichte der europäischen Gesellschaften im 20. Jahrhundert, in: ders./Ute Schneider (Hrsg.), Dimensionen der Moderne. Festschrift für Christof Dipper, Frankfurt a. M. u. a. 2008, S. 73–91.

„Sozialexperten und Intellektuelle, Künstler und Politiker, Ingenieure und Unternehmer neue Ordnungsmuster, Politikformen, Lebensentwürfe und Umwelten. Planung und Utopie wurden wichtige Ausdrucksformen dieser intensiven Wechselwirkung zwischen den anonymen Entwicklungstrends" – den Basisprozessen der „Modernisierung" also – „und den modernen Ordnungsentwürfen."[27]

Es sei dahin gestellt, ob die krisenhafte Orientierungslosigkeit, die zum Charakteristikum dieses Zeitalters wurde, als direkte Folge eines Veränderungsschubs zu verstehen ist, der mit immer größerer Geschwindigkeit immer breitere Gesellschaftsschichten erfasste, oder ob sie den „Möglichkeitsüberschuss" der Epoche widerspiegelt, der von einer verheerenden Kontingenzerfahrung begleitet wurde[28]. Fakt ist, dass die „Explosion von Modernität" mit einer intensiven Ordnungssehnsucht und -suche einherging. Diese Suche kennzeichnete die Epoche ebenso wie die wachsenden Gestaltungsspielräume und -instrumentarien, welche die Implementierung von Ordnungsentwürfen überhaupt erst gestatteten[29], und der entgrenzte Möglichkeitshorizont, vor dem die Visionen von Ordnung entstanden.

Doch wie fügt sich nun der Faschismus in dieses Verständnis von Moderne ein und inwiefern erweist er sich sogar als paradigmatisch für eine so begriffene Moderne? Um diese Fragen beantworten zu können, scheint es unerlässlich, auf Zygmunt Baumans Definition von Moderne zu rekurrieren. Folgt man seinen Überlegungen, die ihrerseits auf einer von der modernisierungstheoretischen Lesart abweichenden Deutung der soziologischen Klassiker fußen, dann ist die Moderne weniger als Epoche denn als Ethos, Haltung oder Geist zu verstehen[30]. Dieses „Ethos der Moderne" entfaltete

[27] Lutz Raphael, Imperiale Gewalt und mobilisierte Nation. Europa 1914–1945, München 2011, S. 11.
[28] Raphael, Ordnungsmuster, S. 86, und Hans Ulrich Gumbrecht, Modern, Modernität, Moderne, in: Otto Brunner/Werner Conze/Reinhart Koselleck (Hrsg.), Geschichtliche Grundbegriffe. Historisches Lexikon zur politisch-sozialen Sprache in Deutschland, Bd. 4, Stuttgart 1978, S. 93–131, hier S. 131.
[29] Vgl. Charles S. Maier, Leviathan 2.0. Die Erfindung moderner Staatlichkeit, in: Emily S. Rosenberg (Hrsg.), Geschichte der Welt. 1870–1945 Weltmärkte und Weltkriege, München 2012, S. 33–286, und James C. Scott, Seeing like a State. How certain Schemes to improve the human Condition have failed, New Haven 1998.
[30] Vgl. Zygmunt Bauman, Moderne und Ambivalenz. Das Ende der Eindeutigkeit, Hamburg 2005. Zum Ethos der Moderne vgl. Eva Erdmann/Rainer Forst/Axel Honneth (Hrsg.), Ethos der Moderne. Foucaults Kritik der Aufklärung, Frankfurt a. M. 1990, und Michel Foucault, Was ist Aufklärung, in: ders., Schriften in vier Bänden. Dits et Ecrits, Bd. 4: 1980–1988, hrsg. von Daniel Defert und François Ewald, Frankfurt a. M. 2005, S. 687–707.

sich in verschiedenen Räumen zu unterschiedlichen Zeiten und in zahlreichen Varianten. So erscheint die faschistische Moderne als Ordnung, die zwar in einem Spannungsverhältnis zum westlichen, liberalen Modell stand, die aber nicht, wie es die modernisierungstheoretische Deutung vorsah, eine seiner unvollkommenen, phylogenetischen Vorstufen darstellt.

Das Ethos der Moderne ist von einer Ambivalenz zwischen Freiheit und Ordnung gekennzeichnet. Man könnte auch sagen, dass ein dialektisches Verhältnis zwischen dem kritischen Potential, bestehende Ordnungen aufzulösen, und der Möglichkeit besteht, mythische Ordnungen neu zu denken. Diese Ambivalenz schafft eine prekäre, geradezu aporetische Situation, da nicht nur die Gültigkeit von Ordnungen bezweifelt wird, sondern generell der „Verdacht" besteht, „dass es der bestehenden Ordnung an Endgültigkeit", an Perfektion fehlt[31]. An Stelle der delegitimierten Ordnung muss eine perfekte Ordnung treten, die jedoch prinzipiell demselben Verdacht ausgesetzt ist. Der moderne Mensch hinterfragt die Mythen oder Metanarrative, auf denen Ordnungen gründen, er historisiert das vermeintlich Überhistorische und „entweiht" das Heilige, das im Zentrum von derlei Mythen und Ordnungen steht. Indes vermag er auf das Heilige nicht zu verzichten, denn die perfekte, dauerhafte Ordnung, nach der er sich sehnt, gründet darauf. Mit Hilfe von Nietzsches berühmter Metapher ließe sich sogar behaupten, der moderne Mensch habe zwar Gott getötet, doch er vermöge es nicht, sich eine Welt ohne einen Gott vorzustellen, sei dieser nun die Vernunft, das Proletariat oder eben die Nation beziehungsweise das Volk.

Wendet man sich mit diesem geschichtsphilosophischen Rüstzeug der Jahrhundertwende zu, dann präsentiert sie sich als eine Zeit der grundlegenden Skepsis gegenüber der herrschenden liberalen Ordnung und ihrem Mythos von Vernunft und Fortschritt: Erneut erschien alles „irgendwie verrostet und verstaubt", so Bauman, und „eines der stärksten Motive für den Drang, das Alte aufzulösen, war der Wunsch, neue Stabilitäten zu entdecken oder zu erfinden, die sich zur Abwechslung einmal als wirklich stabil erweisen sollten"[32]. Die zahlreichen programmatischen Bewegungen, die Ende des 19. Jahrhunderts aus dem Boden schossen, waren von diesem Drang beseelt und lassen sich mit Roger Griffin als ästhetische, soziale oder politische Modernismen verstehen[33]. Sie fußten auf einer, so Peter Fritzsche in einem weg-

---

[31] Bauman, Moderne und Ambivalenz, S. 24.
[32] Bauman, Flüchtige Moderne, S. 9f.
[33] Vgl. Griffin, Modernism and Fascism, und Roger Griffin, Modernity, modernism and fascism. A „mazeway resynthesis", in: Modernism/Modernity 15 (2008), S. 9–24.

weisenden Aufsatz, „apprehension of the malleable: the dark acknowledgement of the fragility and impermanence of the material world allied with the conviction that relentless reform could steady collapsing structures."[34] Die vorhandene Ordnung wurde als brüchig, starr, unzeitgemäß und dekadent wahrgenommen. Daher sollte sie beseitigt und durch eine dauerhafte, wahrhaft stabile Ordnung ersetzt werden.

Aus diesem Empfinden erwuchs auch der Faschismus, nachdem der Erste Weltkrieg die auf dem Vernunft-Mythos gegründete liberale Ordnung erschüttert und das historistische Fortschrittsnarrativ diskreditiert hatte, das ihr zugrunde lag. Nun tat sich jener Abgrund auf, den Carl Schmitt als „Ausnahmezustand" bezeichnet hat. Durch die „Suspendierung der gesamten bestehenden Ordnung"[35] radikalisierte sich die Sehnsucht nach einer neuen Ordnung, und jene offene Zukunft, die von Koselleck zur *differentia specifica* der Moderne erkoren wurde, offenbarte sich als Chance und Bedrohung zugleich[36]. Die ebenso beängstigende wie euphorisierende Offenheit der Situation war charakteristisch für die Wahrnehmung jener Dekaden als Krise, als eine Zeit also, „in der eine Entscheidung fällig [...], aber noch nicht gefallen" ist[37].

Eine solche Entscheidung versuchte der Faschismus mit Gewalt herbeizuführen. Er zielte darauf, die offene Zukunft durch die Verwirklichung seiner Utopie zu schließen. Es galt, die in seinen Augen alte und morsche Ordnung vollends zu beseitigen und eine ewige Ordnung an seine Stelle zu setzen, die auf der im Krieg verabsolutierten Nation oder dem biologistisch aufgeladenen Volk gründete.

---

[34] Fritzsche, Nazi Modern, S. 12.
[35] Carl Schmitt, Politische Theologie, München u. a. 1934, S. 18f. Vgl. hierzu und zum Folgenden die Arbeiten von Michael Makropoulos: Modernität als ontologischer Ausnahmezustand? Walter Benjamins Theorie der Moderne, München 1989, und Krise und Kontingenz. Zwei Kategorien im Modernitätsdiskurs der Klassischen Moderne, in: Moritz Föllmer/Rüdiger Graf (Hrsg.), Die „Krise" der Weimarer Republik. Zur Kritik eines Deutungsmusters, Frankfurt a. M. u. a. 2005, S. 45–76.
[36] Zur offenen Zukunft vgl. die Arbeiten von Reinhart Koselleck: Das achtzehnte Jahrhundert als Beginn der Neuzeit, in: Reinhart Herzog/Reinhart Koselleck (Hrsg.), Epochenschwelle und Epochenbewusstsein, München 1987, S. 269–282 (Poetik und Hermeneutik Bd. 12), und „Erfahrungsraum" und „Erwartungshorizont" – zwei historische Kategorien, in: Reinhart Koselleck, Vergangene Zukunft. Zur Semantik geschichtlicher Zeiten, Frankfurt a. M. 1989 S. 349–375.
[37] Reinhart Koselleck, Krise, in: Otto Brunner/Werner Conze/Reinhart Koselleck (Hrsg.), Geschichtliche Grundbegriffe. Historisches Lexikon zur politisch-sozialen Sprache in Deutschland, Bd. 3, Stuttgart 1982, S. 617–650, hier S. 619; vgl. auch Reinhart Koselleck, Kritik und Krise. Eine Studie zur Pathogenese der Welt, Frankfurt a. M. 1989, S. 105.

Der Erste Weltkrieg, die *vittoria mutilata*, die Niederlage sowie die tatsächlichen und drohenden Revolutionen verschärften jene Orientierungssuche, die den „Ethos der Moderne" von Anbeginn wie ein Schatten begleitete. Das von Georg Lukács 1916 erstmals beschriebene Gefühl „transzendentaler Obdach- oder Heimatlosigkeit" breitete sich aus und radikalisierte die Sehnsucht nach Ordnung. Der Faschismus ging aus dieser Sehnsucht hervor und versprach, sie zu stillen. Er verhieß ein Ende der Dekadenz, der Ambivalenz und Kontingenz sowie die „Wiederherstellung" einer auf das „Gemeinwohl" und auf einen gemeinsamen Sinn eingeschworenen Gemeinschaft. Er versprach einen Aufbruch, den Beginn einer neuen Zeit sowie die Errichtung eines neuen Nomos[38]. „Eine vertriebene Menschheit", so eine Formulierung Siegfried Kracauers, sollte „wieder in die neu-alten Bereiche der gotterfüllten Wirklichkeit" geführt werden[39] – mit der im Krieg sakralisierten Nation beziehungsweise dem rassenbiologisch gedachten Volk als Fundament jenes ersehnten transzendentalen Obdachs, unter dem die Faschisten Zuflucht suchten. Doch inwiefern war diese Verheißung einer nationalen oder völkischen Ordnung modern? Erstens, weil sie einer Sehnsucht entsprach, die der Ethos der Moderne überhaupt erst generierte. Der Faschismus ging also aus der Dialektik von Freiheit und Ordnung hervor. Zweitens, weil sie auf dem Glauben fußte, eine dauerhafte, stabile und damit auf einem überhistorischen Absoluten gründende Ordnung sei möglich.

Fragt man also nach dem Nexus von Faschismus und Moderne, erscheint es sinnvoll, Ersteren als ideengeschichtliches Phänomen zu betrachten und seine Gemeinschaft stiftenden Narrative näher zu untersuchen. Dies schließt nicht aus, dass ein andersgeartetes erkenntnisleitendes Interesse einen anderen Zugang erforderlich macht. Ohnehin schiene es sinnvoll, ein Nebeneinander divergierender Perspektiven anzustreben. Denn allein eine sich der Verabsolutierung verweigernde, multiperspektivische Beleuchtung des Faschismus vermag, diesem in sich selbst fluiden Phänomen gerecht zu werden. In diesem Sinne wäre auch dafür zu plädieren, den generischen Faschismus-Begriff als heuristisches Konzept zu verstehen, mit dessen Hilfe sich die „Familienähnlichkeiten" und „Verwandtschaftsbeziehungen" herausarbeiten lassen, die zwischen den einzelnen Faschismen bestanden[40]. Im

---

[38] Vgl. Peter L. Berger, Zur Dialektik von Religion und Gesellschaft. Elemente einer soziologischen Theorie, Frankfurt a. M. 1973.
[39] Siegfried Kracauer, Soziologie als Wissenschaft, in: ders., Schriften, Bd. 1, Frankfurt a. M. 1974, S. 7.
[40] Vgl. Ludwig Wittgenstein, Philosophische Untersuchungen, Frankfurt a. M. 1977, S. 56 ff. Die unterschiedlichen, teils widersprüchliche Lehren vereinigenden Faschis-

Kontext der Frage nach dem Zusammenhang von Faschismus und Moderne erweist sich die Sehnsucht nach Ordnung, die ihn gebar, sowie die mythische Ordnung, mit der er diese zu stillen versprach, als eine solche Familienähnlichkeit.

Aus dieser Perspektive erscheint der Faschismus als „metapolitisches Phänomen", das eine „kulturelle" und „anthropologische Revolution" anstrebte[41]. Ziel dieser Revolution war es, die Aufgabe der Ordnung ein für alle Mal zu lösen. Der Faschismus versuchte, den Ausnahmezustand zu beseitigen und der transzendentalen Obdachlosigkeit zu entkommen, indem er eine mythische, auf der Nation oder dem Volk gründende Ordnung errichtete. Da der Faschismus indes kein kohärentes, mit dem vermeintlich wissenschaftlichen Marxismus vergleichbares politisches Gedankengebäude war, sondern ein in sich widersprüchliches, synkretistisches Gemenge von Glaubenssätzen und Deutungsmustern, gilt es, die Aufmerksamkeit umso mehr auf den Problemhorizont zu richten, der ihn hervorbrachte. Zum einen war der Faschismus eine Reaktion auf die Krise der Vernunft, die aus der Entdeckung der Kontingenz von Ordnung durch das moderne Bewusstsein hervorging. Sofern Nation und Volk für die Faschisten ewige, „naturhafte" Entitäten darstellten, eigneten sie sich als archimedischer Punkt einer nicht-kontingenten Ordnung. Zum anderen war der Faschismus ein Versuch, dem Werterelativismus zu entkommen, welcher der Krise des modernen historischen Bewusstseins entsprang. An die Stelle des historisch Gewordenen traten die Nation oder das Volk als vermeintlich überhistorische Größen, als mythischer Grund, der die Werte und Normen der Gemeinschaft beglaubigen sollte. Indem der Faschismus darüber hinaus einen Nexus zwischen zukunftsgerichteter Dynamik und einer die Vergangenheit einschließenden Ewigkeit herstellte, befriedigte er zudem das Bedürfnis nach einer neuen Ordnung der Zeit. In dem Wiedergeburts- und Ewigkeitsnarrativ, das der Faschismus an die Stelle des Fortschrittsnarrativs setzte, waren sowohl das

---

men werden dann, um bei Wittgensteins Bild zu bleiben (S. 58), als einzelne Fasern verständlich, die zu einem Faden gesponnen werden können: „Und die Stärke des Fadens liegt nicht darin, daß irgendeine Faser durch seine ganze Länge läuft, sondern darin, daß viele Fasern einander übergreifen. […] es läuft ein Etwas durch den ganzen Faden, – nämlich das lückenlose Übergreifen dieser Fasern."

[41] Vgl. Ernst Nolte, Der Faschismus in seiner Epoche. Action française, Italienischer Faschismus, Nationalsozialismus, München ⁵2000; Mosse, Fascist Revolution; Emilio Gentile, Der Faschismus. Eine Definition zur Orientierung, in: Mittelweg 36 16 (2007/08) H. 1, S. 81–99, hier S. 94, und Emilio Gentile, Fascismo. Storia e interpretazione, Rom/Bari 2002, S. 235–264.

zeitgenössische Bedürfnis nach Aufbruch und Revolution als auch die Sehnsucht nach Verwurzelung und Entschleunigung aufgehoben.

Eine solche Sicht auf Moderne und Faschismus ist jedenfalls weit davon entfernt, diesen zu verharmlosen, zu ästhetisieren oder gar seine Verbrechen zu relativieren. Vielmehr gilt es, auf die den modernen Ordnungsentwürfen und Ideologien insgesamt inhärenten Paradoxien aufmerksam zu machen, die auch er zu überwinden suchte. Versteht man den Faschismus als paradigmatische Antwort auf die mit der Moderne einhergehende Ambivalenz und Kontingenz, so lässt diese Einsicht auch die kritische Wachsamkeit gegenüber den Gefahren der Moderne wachsen.

Martin Baumeister
Faschismus als „politische Religion"

1. Eine späte Karriere

Das Paradigma „politische Religion" ist keine Neuerfindung der aktuellen Faschismusforschung. Es zählte auch nie zu den zentralen Konzepten der Faschismusdeutung, sondern stand vielmehr lange Zeit im Schatten anderer Perspektiven und Diskussionen, in erster Linie der Totalitarismustheorie, mit der sein Gebrauch eng verschränkt war. So charakterisierte Karl Dietrich Bracher die Jahre des Ersten Weltkriegs und der Nachkriegszeit als Ära der Kreation der „politischen Religionen", also

„pseudoreligiöser Ideologien, die mit dem doppelten Anspruch auf wissenschaftliche Geltung und zugleich religiöse Unbedingtheit auftraten. [...] Faschismus und Nationalsozialismus wie Leninismus-Stalinismus und später Maoismus waren beides zugleich: Verheißung einer endzeitlichen Gemeinschaft [...], aber doch vor allem Mobilisierungs-Ideologien zum Kampf mit dem totalen Feind."[1]

Die 1982, im selben Jahr wie Brachers politische Ideengeschichte erschienene soziologisch orientierte Studie von Jean-Pierre Sironneau stellte insofern ein Unikat dar, als sie eine umfassende Begriffsklärung mit einer systematischen, epochenübergreifenden Untersuchung „politischer Religionen" von der römischen Antike bis hin zu Nationalsozialismus und Kommunismus verband[2]. Pioniercharakter hatte eine Anfang der 1970er Jahre vorgelegte Studie des Germanisten Klaus Vondung, der sich mit seiner Darstellung nationalsozialistischer Feiern und Kulte deutlich von der überkommenen geistesgeschichtlichen Sichtweise der „politischen Religion" entfernte, wie sie sich etwa bei Bracher findet[3].

Erst Anfang der 1990er Jahre gewann der Ansatz der „politischen Religion", parallel zur neuen Konjunktur des Totalitarismusparadigmas, massiv an Bedeutung. Zeitweise konnte der Eindruck entstehen, die „politische Religion" sei zu einem Leitbegriff der Forschung avanciert. Ausschlaggebend für diese Resonanz waren Faktoren der politischen Großwetterlage, aber auch

[1] Karl Dietrich Bracher, Zeit der Ideologien. Eine Geschichte politischen Denkens im 20. Jahrhundert, Stuttgart 1982, S. 52f.
[2] Vgl. Jean-Pierre Sironneau, Sécularisation et religions politiques, Den Haag/New York 1982.
[3] Vgl. Klaus Vondung, Magie und Manipulation. Ideologischer Kult und politische Religion des Nationalsozialismus, Göttingen 1971.

wissenschaftsinterne Dynamiken und Entwicklungen. Nach dem Ende des Kalten Krieges, dem Auseinanderbrechen der Sowjetunion und des Ostblocks schienen die Hypotheken, die die Totalitarismustheorie aufgrund ihrer politischen Ausrichtung und Instrumentalisierung belasteten und als hoffnungslos kompromittiert erscheinen ließen, mit einem Mal abgelöst. Zeitgleich wurde, vor allem im angelsächsischen Raum, die lange zurückgestellte Theoriediskussion zum „generischen Faschismus" als zentralem politischem Phänomen des 20. Jahrhunderts neu angefacht. Richtungweisend wirkte Roger Griffins 1991 erschienenes Werk „The Nature of Fascism", das die faschistische Ideologie ins Zentrum eines – so der Autor – „neuen Konsensus" der Forschung rückte, wobei Griffin zunächst durchaus auf Distanz zum Ansatz der „politischen Religion" ging[4]. Die Studien von George Mosse zum modernen Nationalismus, zum Formwandel des Politischen sowie zur Ideologie- und Kulturgeschichte von Faschismus und Nationalsozialismus[5] trugen entscheidend zum neuen Interesse an der „politischen Religion" bei. Übergreifende Trends wie insbesondere der viel beschworene *cultural turn* sowie die Aufwertung und Neubewertung der Religionsgeschichte in der Erforschung des 20. Jahrhunderts verstärkten die Attraktivität des Paradigmas „politische Religion".

Die Karriere des Konzepts entfaltete sich allerdings in unterschiedlichen, oft nur wenig oder überhaupt nicht miteinander kommunizierenden Forschungskontexten. Die neue nordamerikanisch dominierte Kulturgeschichte des italienischen Faschismus, die sich mit Riten, Mythen und Inszenierungen des Regimes auseinandersetzte, zeigte sich der „politischen Religion" gegenüber indifferent. Sie richtete ihr Augenmerk in Anlehnung an Walter Benjamin auf die „Ästhetisierung der Politik", auf Fragen von Selbstdarstellung und Identitätskonstruktionen vor einem dezidiert säkularen Hintergrund, und sie diskutierte Probleme der „Symbolpolitik", des Mussolini-Mythos und der „kultischen Erfahrung" im kollektiven Ritual[6]. Auch zahlreiche Studien zu nationalsozialistischen Feiern und Riten kommen weitgehend ohne einen engeren Bezug auf die „politische Religion" aus[7]. Dagegen

---

[4] Roger Griffin, The Nature of Fascism, London 1991, S. 196.
[5] Vgl. George L. Mosse, The Fascist Revolution. Toward a General Theory of Fascism, New York 1999.
[6] Vgl. Simonetta Falasca-Zamponi, Fascist spectacle. The aesthetics of power in Mussolini's Italy, Berkeley 1997.
[7] Vgl. Peter Reichel, Der schöne Schein des Dritten Reiches. Faszination und Gewalt des Faschismus, München 1991; Sabine Behrenbeck, Der Kult um die toten Helden. Nationalsozialistische Mythen, Riten und Symbole 1923 bis 1945, Köln 2., durchgesehe-

stellte Hans Maier Anfang der 1990er Jahre das Konzept ins Zentrum eines internationalen Langzeitprojekts, in dem die ideengeschichtlichen Ursprünge dieses Ansatzes beleuchtet sowie seine Plausibilität und sein Nutzen für einen systemübergreifenden Diktaturvergleich im Kontext des Totalitarismusparadigmas diskutiert wurden[8]. Einen zentralen Fluchtpunkt des Vergleichs von Nationalsozialismus und Bolschewismus unter der Perspektive der „politischen Religionen" sah Maier in der Motivation und Legitimation der Gewalt: Die von beiden Regimen betriebene absolute Entgrenzung der Gewalt habe eine absolute Rechtfertigung benötigt[9].

Insbesondere Michael Burleigh hat die Anregungen der im Umfeld von Hans Maier betriebenen Wiederbelebung der Debatte um die politischen Religionen für seine Interpretation des Nationalsozialismus aufgegriffen. Er firmiert als Mitherausgeber der im Jahr 2000 gegründeten Zeitschrift „Totalitarian Movements and Political Religions", die seit 2002 von einer gleichnamigen Publikationsreihe flankiert wird, und er hat eine Gesamtdarstellung der NS-Zeit vorgelegt, die sich ausdrücklich auf die Deutungsansätze der „politischen Religion" sowie der „totalitären Herrschaft" gründet. Das Konzept der „politischen Religion" wird von Burleigh vor allem aus zeitgenössischen Zeugnissen abgeleitet, eine klare Definition bleibt er seinen Lesern jedoch schuldig[10]. Burleigh sieht in der religiösen Aufladung ein wesentliches Kennzeichen der nationalsozialistischen Weltanschauung und versteht die zahlreichen religiösen Analogien im Auftreten der Nationalsozialisten als ein zentrales Element von Bewegung und Regime. In seiner voluminösen Darstellung spielt diese Perspektive als umfassender Interpretationsansatz jedoch, gerade auch an entscheidender Stelle, keine oder allenfalls eine marginale Rolle.

Noch weiter als Burleigh gehen Studien, die man als „maximalistisch" bezeichnen könnte. Sie leiten den Kern des Regimes, die genozidale Dynamik

ne Aufl. 2011; Gudrun Brockhaus, Schauder und Idylle. Faschismus als Erlebnisangebot, München 1997; Yvonne Karow, Deutsches Opfer. Kultische Selbstauslöschung auf den Reichsparteitagen der NSDAP, Berlin 1997.
[8] Vgl. Hans Maier (Hrsg.), „Totalitarismus" und „Politische Religionen". Konzepte des Diktaturvergleichs, 3 Bde., Paderborn u. a. 1996–2003.
[9] Vgl. Hans Maier, Totalitarismus und politische Religion. Konzepte des Diktaturvergleichs, in: ders., Gesammelte Schriften, Bd. 2: Politische Religionen, München 2007, S. 120–142, hier S. 141.
[10] Vgl. die Arbeiten von Michael Burleigh: Die Zeit des Nationalsozialismus. Eine Gesamtdarstellung, Frankfurt a. M. 2000, und Irdische Mächte, göttliches Heil. Die Geschichte des Kampfes zwischen Politik und Religion von der Französischen Revolution bis in die Gegenwart, München 2008, S. 628–723.

des Nationalsozialismus, aus seinem Charakter als „politische Religion" ab. Claus-Ekkehard Bärsch identifizierte die „politische Religion" als Zentrum der nationalsozialistischen Weltanschauung, als alle „gläubigen Nationalsozialisten" vereinigendes und verpflichtendes Band, und argumentierte dabei mit einem sakral aufgeladenen Opferbegriff, der ihm zur Erklärung der Shoah diente. Für Bärsch zählte der religiöse Charakter der NS-Ideologie nicht nur zu den wesentlichen Bedingungen der Machtgewinnung der Hitler-Bewegung. Sogar der Mord an den Juden sei primär als „eine Folge der religiösen Implikationen der NS-Ideologie" zu verstehen. Die Juden hätten „als Inkarnation des Bösen ihr Leben zum Zweck des arischen Heils verlieren" müssen[11].

Auch Michael Ley argumentiert mit einem sakralen Opferbegriff, den er als Wesenskern der „nationalsozialistischen Religion" interpretiert. Die Inszenierungen des Nationalsozialismus seien als „politisch-religiöser Gottesdienst" zu deuten: „[D]ie nationalsozialistische Religion begeht den Ritus real, das Menschenopfer wird in den Vernichtungsanstalten vollzogen. Diese Opferung ist Sühneopfer und intendierte Neuschöpfung zugleich."[12] In Anlehnung an Dominick LaCapra bringt Federico Finchelstein die faschistische Auffassung vom Heiligen in eine enge Beziehung zu „Prozessen der Viktimisierung", an deren Ende der Holocaust stehe: „The radical sacred violence, as it was understood by its perpetrators, transformed genocidal ideological motivation into a form of elation."[13]

Jenseits monokausaler Totalerklärungsversuche hat der italienische Historiker Emilio Gentile das Paradigma der „politischen Religion" am konsequentesten und konzisesten als Interpretationsansatz ausformuliert und in einer Fülle von Studien weiter verfolgt und angewandt. Bereits in seinen frühen Arbeiten aus den 1970er Jahren brachte er den Faschismus als „moderne Erfahrung von Massenpolitik" in einen engen Zusammenhang mit dem Aufleben einer neuen säkularen, auf den Mythos der nationalen Regeneration ausgerichteten Religion. In der Folgezeit erweiterte er diesen auf ideologische und kulturelle Aspekte konzentrierten Ansatz um organisatorische und

---

[11] Claus-Ekkehard Bärsch, Die politische Religion des Nationalsozialismus. Die religiöse Dimension der NS-Ideologie in den Schriften von Dietrich Eckart, Alfred Rosenberg, Joseph Goebbels und Adolf Hitler, München 2., vollständig überarbeitete Aufl. 2002, S. 380 und S. 378.
[12] Michael Ley, Der Holokaust als Menschenopfer. Vom Christentum zur politischen Religion des Nationalsozialismus, Münster 2002, S. 145.
[13] Federico Finchelstein, Fascism and the Holocaust, in: Dan Stone (Hrsg.), The Holocaust and historical methodology, New York/Oxford 2012, S. 254–271, hier S. 264.

institutionelle Dimensionen, ehe er Anfang der 1990er Jahre, vornehmlich in einer Monographie zum faschistischen Liktorenkult, seine Interpretation des italienischen Faschismus als „politische Religion"[14] formulierte. Dabei band Gentile seine Deutung – weit mehr als Burleigh – an das Konzept des Totalitarismus, den er, im Unterschied zu den strukturanalytischen Ansätzen der 1950er Jahre, als ständig neu auszuhandelnden Prozess, als ein Experiment politischer Herrschaft versteht. Betrieben werde dieses Experiment von einer revolutionären, in einer militärisch disziplinierten Partei organisierten Bewegung, die das Machtmonopol und ferner die „Eroberung der Gesellschaft, das heißt die Unterordnung, Integration und Homogenisierung der Regierten auf der Grundlage der integralen Politisierung der individuellen und kollektiven Existenz"[15] anstrebe. Gentile zählt die Institutionalisierung der Sakralisierung der Politik in Form einer „exklusiven, integralistischen politischen Religion"[16] mit eigenen Dogmen, Riten, Symbolen und Geboten, die als kollektiver Glaube der Gesellschaft auferlegt worden sei, zu den zentralen Merkmalen, die den italienischen Faschismus als neuartiges politisches Phänomen des 20. Jahrhunderts auszeichnen. Die „politische Religion" des Faschismus wird dabei vorrangig expressiv, als Mittel der Selbstdarstellung und -inszenierung, sowie funktional im Sinn der herrschaftlichen Durchdringung und Mobilisierung der Gesellschaft verstanden:

„In the enterprise of spreading its doctrine and arousing the masses to faith in its dogmas, obedience to its commandments, and the assimilation of its ethics and its life-style, fascism spent a considerable capital of energy."[17]

Gentile schreibt der „religione della politica" im italienischen Faschismus erhebliche Wirksamkeit zu: Durch den Einsatz religiöser „Metaphern" habe das Regime echten Glauben und Begeisterung geweckt und zugleich Angst und Terror gesät. Vor allem aber sieht Gentile eine enge Verbindung zwischen dem liturgischen Politikstil, dem „Erlösungsnationalismus" als Kern der faschistischen Ideologie, und dem imperialistisch-totalitären Projekt einer

---

[14] Vgl. die Arbeiten von Emilio Gentile: Fascism as political religion, in: JCH 25 (1990), S. 229–251; Il culto del littorio: la sacralizzazione della politica nell'Italia fascista, Rom/Bari 1993; Le religioni della politica: fra democrazie e totalitarismi, Rom/Bari 2001.
[15] Emilio Gentile, Fascismo. Storia e interpretazione, Rom/Bari 2002, S. 67f.
[16] Emilio Gentile, Il fascismo in tre capitoli, Rom/Bari 2004, S. 100.
[17] Emilio Gentile, Fascism, totalitarianism and political religion: Definitions and critical reflections on criticism of an interpretation, in: TMPR 5 (2004), S. 326–375, hier S. 349.

„anthropologischen Revolution" zur Schaffung eines „neuen Menschen" und einer neuen supranationalen Zivilisation[18].

Emilio Gentile hat den Ansatz der „politischen Religion" im Wesentlichen am italienischen Fall, aber mit einem Länder und Regime übergreifenden Geltungsanspruch entwickelt. Die Verknüpfung zwischen „politischer Religion" und dem Projekt des „neuen Menschen" hat er in seinen Analysen allerdings kaum substanziiert. Auch wenn die Fülle seiner einschlägigen Studien und der Nachdruck, mit dem er seine Thesen vertritt, einen gegenteiligen Eindruck erwecken mögen, spricht er dem Paradigma der „politischen Religion" nicht das Potenzial für eine umfassende Erklärung des Faschismus beziehungsweise des Totalitarismus zu. Wiederholt warnte er vor reduktionistischen Interpretationen und er betonte, die „politische Religion" sei *ein* Element des Totalitarismus, nicht aber das zentrale oder das wichtigste zur Bestimmung seiner Essenz[19].

2. Zeitgenössische Deutungskämpfe

Mit diesem Vorbehalt distanzierte sich Gentile auch von zeitgenössischen Wertungen und Urteilen über den „religiösen" Charakter des Faschismus, die ihm, ähnlich wie auch Burleigh, nur als Ausgangspunkt seiner Überlegungen dienten. Allerdings unterscheiden sich die zeitgenössischen Gewährsleute Gentiles – in erster Linie italienische Antifaschisten diverser ideologischer Provenienz wie der katholische Priester und Politiker Luigi Sturzo oder der linksliberale Intellektuelle Giovanni Amendola, der den Faschismus zum ersten Mal als „totalitäre" politische Bewegung bezeichnete[20] – von den in der NS-Forschung beziehungsweise von den hauptsächlich im deutschen und französischen, zum Teil auch im englischen Sprachraum angeführten Stichwortgebern und Autoritäten. Bereits in den 1970er und frühen 1980er Jahren, also deutlich vor der großen Konjunktur der „politischen Religion" und im Vorgriff auf die von Hans Maier initiierten Forschungen, analysierte der israelische Historiker Uriel Tal ein Geflecht von Zuschreibungen und Selbstbezeichnungen, in dem schon der frühe Nationalsozialismus von Anhängern wie Gegnern als „politischer Glaube"

---

[18] Gentile, Fascismo, S. 68, und Gentile, Fascism, totalitarianism, S. 329. Für Roger Griffin (Modernism and Fascism. The Sense of a Beginning under Mussolini and Hitler, New York u. a. 2007, S. 225 und S. 271) trifft diese Interpretation ausdrücklich auch auf den Nationalsozialismus zu.
[19] Vgl. Gentile, Fascism, totalitarianism, S. 359f.
[20] Vgl. Gentile, Culto del littorio, S. 85, 126.

gedeutet wurde[21]. Vor diesem Hintergrund erscheinen die mittlerweile als „Klassiker" eingestuften Texte von Eric Voegelin und Raymond Aron aus den 1930er und 1940er Jahren, die häufig als geistige Väter des Konzepts der „politischen Religion" angeführt werden, nicht mehr als Solitäre, sondern als Teile eines weit ausgreifenden, unterschiedliche politische Lager, darunter auch das der Nationalsozialisten und Faschisten, durchziehenden Diskurses, der in seinen jeweils nationalen wie transnationalen Verflechtungen und Querverbindungen bislang nur unzureichend untersucht worden ist.

Die Verankerung der Studien zur „politischen Religion" in den Deutungskämpfen der Zwischenkriegs- und Kriegszeit wird zwar immer wieder angesprochen. Deren Implikationen und Folgen werden allerdings kaum hinterfragt, obwohl gerade hieraus beträchtliche methodische Herausforderungen für die Anwendung des Konzepts in der Forschung erwachsen. Welch weitreichende Wertungen aus den zeitgenössischen Begriffsbildungen mitschwingen beziehungsweise bewusst oder unbewusst übernommen werden können, zeigt bereits ein kurzer Blick auf Aron und Voegelin. Beide erklärten das Phänomen aus dem Kontext eines tiefgreifenden Säkularisierungsprozesses, den sie allerdings auf sehr unterschiedliche Weise bewerteten. Der konservative Katholik Voegelin publizierte seine viel zitierte Schrift „Die politischen Religionen" unmittelbar nach dem „Anschluss" 1938 in Wien und kurz vor seiner Flucht vor den Nationalsozialisten. Im Titel habe er, so Philippe Burrin, einen verdichteten Ausdruck für den Geist der Zeit gefunden[22]. In dieser weit ausgreifenden geschichtsphilosophischen Betrachtung deutete er die damaligen politischen Bewegungen Kommunismus, Faschismus und insbesondere den Nationalsozialismus als Ausdrucksformen einer „innerweltlichen Religiosität" vor dem Hintergrund einer durch fortschreitende Säkularisierung ausgelösten schweren geistigen Krise. Die modernen Diktaturen würden als „Realissimum" der Erlösung an die Stelle Gottes menschliche Kollektive wie Volk, Rasse, Klasse oder Staat setzen und verliehen diesen damit den Charakter des Absoluten und Sakralen[23]. Voegelin sah sowohl inhaltliche Analogien wie den Glauben an Führerfiguren und ihre apokalyptische Dynamik als auch funktionale Äquivalente wie die

---

[21] Vgl. Uriel Tal, Religion, politics and ideology in the Third Reich, London/New York 2004.
[22] Vgl. Eric Voegelin, Die politischen Religionen, hrsg. und mit einem Nachwort versehen von Peter J. Opitz, München 1993; Philippe Burrin, Political religion. The relevance of a concept, in: History & Memory 9 (1997), S. 321–349, hier S. 323.
[23] Voegelin, Politische Religionen, S. 58 und S. 64.

gemeinschaftsstiftende Funktion propagandistisch erzeugter und verbreiteter Mythen zu den traditionellen „überweltlichen" Religionen.

Der französische Liberale Aron, der 1939 von „unserer Epoche der politischen Religionen" gesprochen hatte, argumentierte 1944 im Londoner Exil ähnlich wie Voegelin, indem er Kommunismus und Nationalsozialismus als Ideologien kennzeichnete, die als „säkulare Religionen" mit innerweltlichen Heilsversprechen die Rolle der verblassten überkommenen Religionen für sich beanspruchten[24]. Aron ordnete die *religions séculières* jedoch einem völlig anders gearteten Modernebegriff zu. Die totalitären Regime waren für ihn nicht Ausprägungen einer modernen Staatsauffassung, ein Phänomen einer zunehmend säkularen Moderne, sondern vielmehr „antimodern": „[T]otalitäre Systeme sind religiös, insofern als sie die moderne (und christliche!) Scheidung der zwei Gewalten Religion und Politik rückgängig zu machen streben."[25] Lucie Varga, eine von Österreich nach Frankreich geflohene Historikerin im Umfeld der Annales-Schule, erklärte in der zweiten Hälfte der 1930er Jahre die Attraktivität und Verfasstheit des Nationalsozialismus mit funktionalen Analogien zu religiösen Phänomenen, ohne auf übergreifende Geschichtstheorien zu rekurrieren, und bemühte dabei Begriffe wie Bekehrung und Glaube, Orthodoxie und Häresie und nicht zuletzt den des „Sündenbocks"[26].

Religionsbezüge und -vergleiche gehörten in den 1930er und 1940er Jahren zum Standardrepertoire der wissenschaftlichen und publizistischen Auseinandersetzung mit den zeitgenössischen Diktaturen insbesondere faschistischen und kommunistischen Zuschnitts. Begrifflichkeiten wie „Säkularreligion" oder „politische Religion", aber auch die Perspektiven des Religionsbegriffs, ob funktionalistisch oder phänomenologisch, variierten unabhängig von der jeweiligen ideologischen Orientierung der Beobachter und Kritiker. Weit verbreitet war eine religiös untermauerte Totalitarismusthese, die Faschismus, Nationalsozialismus und Kommunismus auf eine Ebene setzte. Eine exponierte Rolle spielten dabei Emigranten im angelsächsischen Raum, neben Voegelin unter anderem Waldemar Gurian, Paul

---

[24] Raymond Aron, Das Zeitalter der Tyranneien, in: ders., Über Deutschland und den Nationalsozialismus. Frühe politische Schriften, Opladen 1993, S. 186–208, hier S. 207; vgl. auch Raymond Aron, L'avenir des religions séculières, in: Commentaire 8 (1985), S. 369–383.
[25] Hans Maier, Religiöse Elemente in den modernen Totalitarismen, in: ders., Gesammelte Schriften, Bd. 2, S. 107–119, hier S. 114.
[26] Vgl. Peter Schöttler, Das Konzept der politischen Religionen bei Lucie Varga und Franz Borkenau, in: Michael Ley/Julius H. Schoeps (Hrsg.), Der Nationalsozialismus als politische Religion, Bodenheim 1997, S. 186–205.

Tillich, Arthur Feiler oder Luigi Sturzo[27]. Im Fall von Faschismus und Nationalsozialismus konnten sich die Kritiker auf zahlreiche Äußerungen und mannigfaltige Formen der Ritualisierung und Inszenierung der Bewegungen und Regime beziehen, in denen diese ihren Geltungsanspruch sakral überformten und überhöhten und ihr Selbstverständnis und ihren Anspruch als politische Glaubensgemeinschaften und als „politische und zivile Religion" betonten. Hitler verkündete, die nationalsozialistische Weltanschauung müsse sich als ein „politischer Glaube" realisieren, der mit seinem militanten, fanatischen Absolutheitsanspruch den Sieg erringen würde[28]. Mussolini ging mit seinem Religionsbegriff noch weiter. 1932 formulierte er in einem programmatischen Artikel zur „Doktrin des Faschismus", dieser stelle eine „religiöse Auffassung des Lebens dar, in der der Mensch in seiner immanenten Beziehung zu einem höheren Gesetz, d.h. zu einem objektiven Willen gesehen wird, der das Individuum transzendiert und es zum bewussten Mitglied einer geistigen Gemeinschaft erhebt."[29]

3. Engpässe

Ein Hauptproblem im Umgang mit der „politischen Religion" liegt darin, zwischen der metaphorischen Suggestivkraft des Begriffs und seinem heuristischen, analytischen Wert zu unterscheiden[30]. Privilegiert man die Perspektive der „politischen Religion" zur Analyse von Faschismus beziehungsweise Totalitarismus, läuft man Gefahr – dies macht nicht nur ihre Rückbindung an gegensätzliche Konzepte der Moderne deutlich –, zeitgenössische Wertungen als „blinde Passagiere" an Bord zu holen oder diese gar im Maßstab eins zu eins zu reproduzieren und immer wieder neu zu bestätigen. Im Extremfall erhebt man damit die Faschisten beziehungsweise Nationalsozialisten der 1920er bis 1940er Jahre zur entscheidenden, autoritativen Instanz der Definition der von ihnen repräsentierten Ideologien, Bewegungen und Regime. Die Frage wird durch einen weiteren Umstand

---

[27] Vgl. Markus Huttner, Totalitarismus und säkulare Religion, Bonn 1999, S. 143–188.
[28] Adolf Hitler, Mein Kampf. Zwei Bände in einem Band, München 1940, S. 418, S. 424 und S. 506. Zahlreiche Beispiele für die religiöse Überhöhung des Nationalsozialismus durch seine Repräsentanten finden sich bei Tal, Religion.
[29] Zit. nach Gentile, Culto del littorio, S. 117. Hier findet sich auch das Zitat eines Squadristen aus dem Jahr 1928, der den Faschismus als „religione, politica e civile" bezeichnet.
[30] Hierzu und zum Folgenden vgl. Roger Griffin, God's counterfeiters? Investigating the triad of fascism, totalitarianism and (political) religion, in: TMPR 5 (2004), S. 291–325, insbesondere S. 302f.

noch komplexer: Das Konzept der „politischen Religion" hat eine weitaus längere, bis auf Rousseau und die Französische Revolution zurückreichende Geschichte als die mit ihm verknüpften Begriffe Faschismus und Totalitarismus. Es öffnet damit weit gespannte komplexe Begriffsfelder und erschwert so die Abgrenzung zu Konzepten wie „säkularer Religion" und „Zivilreligion" auf der einen, „Millenarismus", „Chiliasmus" oder „Apokalyptik" auf der anderen Seite. Die „politischen Religionen" von Faschismus und Nationalsozialismus wurzeln tief in der Sakralisierung des Politischen in den „Vaterlandsreligionen" der Nationalismen des 19. Jahrhunderts[31] und nehmen damit unterschiedliche nationale Traditionsstränge in sich auf.

Insgesamt überwiegen die Kritiker gegenüber den Anhängern der „politischen Religion" als Analyseinstrument. Ian Kershaw wertet sie als „a currently voguish revamping of an age-old notion, though no less convincing for being repeated so persistently"[32]. „[B]egrifflich verfehlt"[33] – so könnte man zahlreiche Bewertungen von Faschismus und Nationalsozialismus als „politische Religion" auf den Punkt bringen.

Ein häufig vorgebrachter Einwand bezieht sich auf die Frage, was unter „Religion" zu verstehen sei. Oft wird mit einem impliziten Religionsverständnis argumentiert, das sich am Christentum orientiert. Emilio Gentile stellt hier eher eine Ausnahme denn die Regel dar, wenn er seinen Religionsbegriff als System von Glaubensüberzeugungen, Mythen und Symbolen definiert, die die Bedeutung und das Ziel menschlichen Daseins deuten und das Schicksal des Individuums und der Gemeinschaft einer übergeordneten Wesenheit unterordnen[34]. Im Fall des italienischen Faschismus wird gerne auf die Nähe beziehungsweise auf die zahlreichen Überlagerungen des faschistischen „Liktorenkultes" mit katholischen Traditionsbeständen sowie auf sein Arrangement mit der Katholischen Kirche und deren Einfluss bis in Kernbereiche des Regimes verwiesen[35]. In ähnlicher Weise wird der para-

---

[31] Vgl. die klassische Studie von George L. Mosse, Die Nationalisierung der Massen. Politische Symbolik und Massenbewegungen von den Napoleonischen Kriegen bis zum Dritten Reich, Frankfurt a. M. 1975.
[32] Ian Kershaw, Hitler and the uniqueness of Nazism, in: Constantin Iordachi (Hrsg.), Comparative fascist studies. New perspectives, London/New York 2010, S. 238–254, hier S. 248.
[33] So mit Bezug auf NS-Deutschland Benjamin Ziemann, Sozialgeschichte der Religion. Von der Reformation bis zur Gegenwart, Frankfurt a. M. 2009, S. 156.
[34] Vgl. Gentile, Fascism, totalitarianism, S. 364.
[35] Vgl. z.B. die Beiträge von Roberta Suzzi Valli und Alexander Nützenadel in: Sabine Behrenbeck/Alexander Nützenadel (Hrsg.), Inszenierungen des Nationalstaats. Politische Feiern in Italien und Deutschland seit 1860/71, Köln 2000, S. 113–125 und

sitäre Charakter des „braunen Kultes" im Verhältnis zu überkommenen symbolischen Strukturen und Praktiken christlicher Provenienz hervorgehoben; man betont aber auch die divergierenden Vorstellungen und Prioritäten in der nationalsozialistischen Führung hinsichtlich einer religiösen Aufladung und Ausrichtung der NS-Weltanschauung[36]. Der „religiöse Stil", dies kann man auch mit Blick auf den Kult des *Duce* feststellen, sei nur eines von mehreren der von Nationalsozialisten wie Faschisten gezogenen politisch-ideologischen Register gewesen[37]. Besonders groß sind die Vorbehalte gegenüber „maximalistischen" Interpretationen der „politischen Religion", die sich dem Vorwurf des monokausalen Reduktionismus und des Mangels an empirischer Verifizierbarkeit ausgesetzt sehen[38]. Gewarnt wird davor, den Modus der apokalyptischen Redeform, die das Ziel, die Vernichtung der Judenheit, dramatisch überformt habe, mit dessen Ursachen, das heißt die Modalität mit der Kausalität zu verwechseln[39].

Der größte Vorbehalt zahlreicher Kritiker gegenüber der „politischen Religion" richtet sich jedoch gegen ihren fehlenden Transzendenzbezug. Als Ausweg aus diesem Engpass bedient man sich zum Teil kompensatorischer Begriffsbildungen wie „Ersatzreligion" (Juan Linz), „Pseudoreligion" (Ian Kershaw) oder „religious politics" (Richard Steigmann-Gall). Unzweifelhaft steht und fällt der Ansatz der „politischen Religion" mit dem verwendeten Religionsbegriff, und hier herrscht nicht nur Uneinigkeit, sondern vielfach auch Verwirrung.

Von Seiten der Religionswissenschaft beanstandet man die unausgesprochenen beziehungsweise nicht hinterfragten Vorannahmen im Religionsverständnis der Verfechter und – so müsste man hinzufügen – auch der Kritiker der Theorie der „politischen Religion"[40]. Die Perspektivität des Religionsbegriffs zeigt sich bereits in zeitgenössischen Stellungnahmen, wenn etwa

---

S. 127–147, sowie Lutz Klinkhammer, Mussolinis Italien zwischen Staat, Kirche und Religion, in: Klaus Hildebrand (Hrsg.), Zwischen Politik und Religion. Studien zur Entstehung, Existenz und Wirkung des Totalitarismus, München 2003, S. 73–90.

[36] Vgl. z.B. Michael Rißmann, Hitlers Gott. Vorsehungsglaube und Sendungsbewußtsein des deutschen Diktators, Zürich 2001.

[37] Roger Eatwell, Reflections on fascism and religion, in: TMPR 4 (2003), S. 145–166, hier S. 158.

[38] Z.B. Burrin, Political religion, S. 341; Rißmann, Hitlers Gott, S. 199ff.

[39] Vgl. Hans Günter Hockerts, War der Nationalsozialismus eine politische Religion? Über Chancen und Grenzen eines Erklärungsmodells, in: Hildebrand (Hrsg.), Politik und Religion, S. 45–71, hier S. 66.

[40] Vgl. Stanley Stowers, The concepts of „religion" and „political religion" in the study of Nazism, in: JCH 42 (2007), S. 9–24.

Parallelen zwischen dem nationalsozialistischen Regime und kollektiven Wahnvorstellungen der Täuferherrschaft in Münster 1534/35 festgestellt werden oder der Nationalsozialismus aufgrund seines gewalttätigen Charakters als „neuer Islam" erscheint[41], das heißt „pathologische" Dimensionen des Religiösen auf radikale Sekten oder eine nichtchristliche Religion als Inbegriff des „anderen" projiziert werden. Auch gilt es, den normativen Gehalt expressiv-symbolistischer beziehungsweise phänomenologischer Religionsbegriffe, die Ritus und Liturgie einer spezifisch religiösen Sphäre zuschreiben, zu berücksichtigen und funktionalistische Deutungen zu hinterfragen, die eine spezifisch emotional-irrationale Qualität von Religion implizieren und ihr ein besonders hohes gemeinschaftsbildendes Potenzial bescheinigen. Die konsensstiftende Relevanz der „politischen Religion", das heißt auch ihre Rezeption an der gesellschaftlichen Basis, ist bislang eine völlig offene Frage. Die aktuelle NS-Forschung betont mit guten Gründen, dass im Zentrum der Bemühungen des Regimes, die Loyalität der Bevölkerung zu gewinnen, kein theologisches, sondern vielmehr ein säkulares Konzept gestanden habe: die „Volksgemeinschaft"[42].

Allgemein wird im Hinblick auf Grundfragen wie Herrschaft und Gewalt die eingeschränkte Reichweite des Ansatzes moniert. Für Emilio Gentile, einen der prominentesten Repräsentanten der „politischen Religions"-Forschung, bezieht sich die entscheidende Frage für die Deutung des Faschismus auf das weiter gefasste Problem der Sakralisierung der Politik, die er einmal, wenn auch in Form einer rhetorischen Frage, als „Loch ness monster of contemporary history" bezeichnet hat[43].

4. Perspektiven

Das Paradigma der „politischen Religion" führt zweifellos in vielerlei Aporien; sein Nutzen ist begrenzt. Es ist deshalb kein Zufall, dass es in Bilanzen der neueren Forschungen zum „generischen Faschismus" unter anderen Begriffen subsumiert wird, so unter „Ideologie" oder „Religion" beziehungsweise

---

[41] Vgl. die Beispiele bei Huttner, Totalitarismus, S. 192f.; zu zeitgenössischen Vergleichen des Bolschewismus mit dem Islam vgl. Gentile, Religioni, S. 58–67.
[42] Manfred Gailus/Armin Nolzen, Einleitung: Viele konkurrierende Gläubigkeiten – aber eine „Volksgemeinschaft"?, in: dies. (Hrsg.), Zerstrittene „Volksgemeinschaft". Glaube, Konfession und Religion im Nationalsozialismus, Göttingen 2011, S. 7–33, hier S. 18.
[43] Emilio Gentile, The sacralisation of politics. Definitions, interpretations, and reflections on the question of secular religion and totalitarianism, in: Iordachi (Hrsg.), Comparative fascist studies, S. 257–289, hier S. 272.

„Katholizismus", und damit in einer verengten Bedeutung erscheint[44]. In den letzten Jahren ist es in der Faschismusforschung stiller geworden um die „politische Religion". Symptomatisch dafür ist, dass der Titel der Zeitschrift „Totalitarian Movements and Political Religions" 2011 in „Politics, Religion & Ideology" geändert wurde. Aber auch wenn das Konzept der „politischen Religion" nicht zu einem leitenden Forschungsparadigma taugt, so ist sein Potenzial für die historische Faschismusforschung jedoch nicht erschöpft. Bis heute sind die zeitgenössischen Religionssemantiken in der Auseinandersetzung mit den Faschismen im transnationalen wie lagerübergreifenden Vergleich und in ihren wechselseitigen Beziehungen und Überlagerungen, in ihren Deutungstraditionen und Werthorizonten nicht hinreichend analysiert. Besonders die von Hans Maier angeregten Forschungen haben hier wichtige Vorarbeiten geleistet. Eine umfassende Historisierung der „politischen Religion" steht aber noch aus.

Außerdem fällt der absolute Mangel an vergleichenden Studien auf, obwohl das Konzept von Beginn an mit dem Anspruch system- und länderübergreifender Deutungsperspektiven formuliert wurde. Besonders nahe liegt es, die Debatten um die „politische Religion" des italienischen Faschismus und des Nationalsozialismus in vergleichender Perspektive zusammenzuführen, um Fragen nach dem Selbstverständnis der Regime, nach Führerkult und charismatischer Herrschaft sowie ihr Verhältnis zu den überkommenen Religionen besser verstehen zu können. Schließlich lässt sich mittels des Konzepts der Blick auf weitere, oft weniger beachtete faschistische Bewegungen wie etwa die spanische *Falange* oder den rumänischen Faschismus ausweiten[45].

Eine Sichtweise, in der die „politische Religion" nur als eine Angelegenheit der Träger der totalitären beziehungsweise faschistischen Bewegungen und Regime betrachtet wird, greift zu kurz. Es geht hier immer auch um das Verhältnis zwischen den neuen politischen Akteuren und den tradierten Religionen, das heißt vor allem den christlichen Religionsgemeinschaften.

---

[44] Vgl. Sven Reichardt, Neue Wege der vergleichenden Faschismusforschung, in: Mittelweg 36 16 (2007/08) H. 1, S. 9–25, hier S. 15; John F. Pollard, Fascism and Catholicism, in: Richard J.B. Bosworth (Hrsg.), The Oxford Handbook of Fascism, Oxford u. a. 2009, S. 166–184, hier S. 183.

[45] Vgl. Zira Box/Ismael Saz, Spanish fascism as a political religion (1931–1941), in: Politics, Religion & Ideology 12 (2011), S. 371–389; mit kritischen Vorbehalten: Giuliana Di Febo, Ritos de guerra y de victoria en la España franquista, Valencia 2012, S. 14ff.; Valentin Săndulescu, Sacralised politics in action: The February 1937 burial of the Romanian Legionary leaders Ion Moța and Vasile Marin, in: TMPR 8 (2007), S. 259–269.

Insbesondere im Fall des nationalsozialistischen Deutschland wurde dieses häufig als Gegensatz zwischen unversöhnlichen Weltanschauungen und Organisationen, als Kampf zwischen den Kräften Gottes und den Mächten der Finsternis gesehen. Zahlreiche Studien zeichnen jedoch ein weit nuancierteres, widersprüchliches Bild der Beziehungen zwischen Faschismen und Christentum und verweisen auf einander teilweise überschneidende ideologische Grundlagen, auf persönliche und institutionelle Verbindungen und wechselseitige Beeinflussungen. Die „politische Religion" lässt sich verorten in einer dialektischen Spannung zwischen der Sakralisierung der Politik und der Politisierung der Religion im Zeichen von Faschismus und Nationalsozialismus[46]. Von einer Nicht-Kontamination zwischen Regime und Religion, wie im Fall von Mussolinis Italien betont wurde[47], kann nicht die Rede sein. Angesichts der totalitären Herausforderung durch die „politische Religion" des Faschismus präsentierte sich die katholische Kirche selbst als „total horizon" und „totalising sphere" und adaptierte Elemente einer totalitären Sprache[48]. Die Übergänge zwischen dem nationalsozialistischen Glaubenssyndrom und einem hochgradig politisierten Christentum waren fließend[49]. Die ambivalenten Beziehungen zwischen Nationalsozialismus und christlicher Religion beziehungsweise christlichen Kirchen werden bis heute höchst kontrovers bewertet[50]. Die Diskussion über die „politische Religion" mit ihrer Tendenz zu einer gewissen Selbstreferentialität hat diesen weiteren Horizont oft ausgeblendet. Jedoch liegen gerade in der Analyse der vielfältigen spannungsreichen Formen und Ebenen der Verschränkung der Sakralisierung der Politik mit der Politisierung der Religion Möglichkeiten, den Ansatz der „politischen Religion" fruchtbar zu machen.

---

[46] Vgl. Tal, Religion, S. 18; Renato Moro, Religion and politics in the time of secularisation: The sacralisation of politics and politicisation of religion, in: TMPR 6 (2005), S. 71–86.
[47] Vgl. Klinkhammer, Mussolinis Italien, S. 89.
[48] Moro, Religion, S. 80.
[49] Vgl. Wolfgang Hardtwig, Politische Religion in Deutschland 1860–1945, in: ders., Politische Kultur der Moderne, Göttingen 2011, S. 87–104, hier S. 103.
[50] Vgl. z.B. Richard Steigmann-Gall, The Holy Reich. Nazi conceptions of Christianity, 1919–1945, Cambridge 2003, und die durch die Thesen des nordamerikanischen Historikers zur Nähe der Nationalsozialisten zum protestantischen Christentum ausgelöste Debatte u. a. in: JCH 42 (2007), S. 5–57 und S. 185–211.

Sven Reichardt

Faschistische Tatgemeinschaften

Anmerkungen zu einer praxeologischen Analyse

1. Anmerkung zu den Konjunkturen der vergleichenden Faschismusforschung

Die heftige Auseinandersetzung mit dem Totalitarismusbegriff hat die Faschismusforschung lange Zeit beschäftigt. Dabei haben die meisten Varianten des Totalitarismus- und Faschismusbegriffs durchaus unterschiedliche Erklärungsansprüche, sie arbeiteten auch auf verschiedenen empirischen Feldern. Während die Totalitarismusforschung ihre Stärken in der Analyse von Herrschaftstechniken und in der Unterscheidung von Diktaturen und Demokratien hat, ist der Faschismusbegriff besonders fruchtbar in der Untersuchung der Bewegungs- und Konsolidierungsphase der Regime. Er hat sich vor allem bei der Erforschung der sozialhistorischen Ursachen und Hintergründe des Aufstiegs und Erfolgs der Faschismen bewährt[1].

Mit dem Boom der angloamerikanischen Faschismusforschung seit den 1990er Jahren hat eine neue Form vergleichender Betrachtung an Bedeutung gewonnen, die sich nicht als Gegen- oder Konkurrenzmodell, sondern als Komplementärbegriff zum Totalitarismus versteht. Der Faschismus wird nicht mehr nur als Ausdruck einer Krise der bürgerlichen-kapitalistischen Gesellschaft gedeutet oder anhand seines sozialen Profils, seiner Organisationsschemata und gewisser politischer Forderungen bestimmt. Vielmehr ist die neuere Forschung an Prozessen und Entwicklungsformen interessiert und vergleicht die unterschiedlichen und sich zum Teil überkreuzenden Wege des transnational verwobenen Faschismus. Die wechselseitigen Beeinflussungen waren meist eine Mischung aus Kooperation und Konkurrenz, die nicht selten Radikalisierungen nach sich zog, da die faschistischen Regime versuchten, sich gegenseitig zu überbieten. Diese Transfer- und Stimulationsprozesse hat man vor allem auf den Feldern Rassismus, Kolonialismus und Kriegführung untersucht – wenn auch nur ansatzweise. In kulturgeschichtlicher Hinsicht werden vor allem die Selbstbeschreibungen und Selbstrepräsentationen der Faschisten

---

[1] Vgl. Sven Reichardt, Totalitäre Gewaltpolitik? Überlegungen zum Verhältnis von nationalsozialistischer und kommunistischer Gewalt in der Weimarer Republik, in: Wolfgang Hardtwig (Hrsg.), Ordnungen in der Krise. Zur politischen Kulturgeschichte Deutschlands 1900–1933, München 2007, S. 377–402, insbesondere S. 401 f.

ernster genommen als in der älteren Forschung – allerdings ohne dabei auf die alte Ideengeschichte des Faschismus zurückzufallen. Vielmehr geht es um eine Kulturgeschichte des Faschismus, die seine Symbolik, Werte, Ästhetiken und Rituale, nicht zuletzt auch seine religiösen Qualitäten, als performative Akte in den Blick genommen hat[2].

2. Der praxeologische Ansatz

Unter diesen neuen Forschungsansätzen hat sich die praxeologische Faschismusanalyse als eine Variante etabliert, die sowohl Mikro- und Makroperspektiven zu verbinden als auch die sozialhistorische Analyse mit der kulturhistorischen Untersuchung von Denkstilen, Verhaltensmustern und Diskursen zu verknüpfen sucht. Soziale Beziehungen, Diskurse, die symbolische Organisation von Wirklichkeit und situativ bedingte Handlungsformen werden nicht als voneinander getrennte, sondern als miteinander kompatible Untersuchungsebenen verstanden, die in Institutionen und soziale Netzwerke eingebettet sind. Der methodologische Relationalismus dient dazu, eine vermittelnde Position zwischen den klassischen Oppositionspaaren von Subjektivität und Objektivität, von Handeln und Struktur, von Individuum und Gesellschaft einzunehmen[3].

Die faschistische Ideologie wird aus praxeologischer Sicht weder als geistesgeschichtliches Konstrukt noch als starres Set von Einstellungen ver-

---

[2] Vgl. Roger Griffin/Matthew Feldman (Hrsg.), Fascism. Critical Concepts in Political Science, 5 Bde., London 2004; Sven Reichardt, Was mit dem Faschismus passiert ist. Ein Literaturbericht zur internationalen Faschismusforschung, in: NPL 49 (2004), S. 385–406; Michael S. Neiberg (Hrsg.), Fascism, Aldershot u. a. 2006; Sven Reichardt, Neue Wege der vergleichenden Faschismusforschung, in: Mittelweg 36 16 (2007/08) H. 1, S. 9–25; Richard J.B. Bosworth (Hrsg.), The Oxford Handbook of Fascism, Oxford u. a. 2009; Aristotle Kallis, Genocide and Fascism. The Eliminatonist Drive in Fascist Europe, New York 2009; Constantin Iordachi (Hrsg.), Comparative fascist studies. New perspectives, London 2010; António Costa Pinto (Hrsg.), Rethinking the Nature of Fascism. Comparative Perspectives, Houndmills 2011; António Costa Pinto, The Nature of Fascism Revisited, New York 2012.

[3] Vgl. Robert Schmidt, Soziologie der Praktiken. Konzeptionelle Studien und empirische Analysen, Berlin 2012, S. 28–50. Zur Praxeologie allgemein vgl. ebenda, S. 9–71 und S. 204–268; Andreas Reckwitz, Grundelemente einer Theorie sozialer Praktiken. Eine sozialtheoretische Perspektive, in: ZfS 32 (2003), S. 282–301; Karl H. Hörning/ Julia Reuter (Hrsg.), Doing Culture. Neue Positionen zum Verhältnis von Kultur und Praxis, Bielefeld 2004; Sven Reichardt, Praxeologische Geschichtswissenschaft. Eine Diskussionsanregung, in: Sozial.Geschichte 22 (2007) H. 3, S. 43–65; Sven Reichardt, Bourdieus Habituskonzept in den Geschichtswissenschaften, in: Alexander Lenger/ Christian Schneikert/Florian Schumacher (Hrsg.), Pierre Bourdieus Konzeption des

standen. Sie ist kein abstraktes, abgrenzbares Gedankengebäude, sondern wandelbare politische Praxis, die sich nur „in actu" untersuchen lässt. Das Handeln und Kommunizieren der Menschen steht im Mittelpunkt des praxeologischen Interesses. Die Praxeologie situiert die Ideen und Sinnwelten der Faschisten in ihren politischen Handlungen und nicht in der enthobenen Welt einer idealistischen Geistesgeschichte. Faschismus ist nicht ohne die konkrete Situation zu verstehen, auf die sich die Einstellungen und Aktionen der Faschisten beziehen[4].

Im Handeln vollzieht sich nicht einfach das, was vorab gedacht und entschieden wurde. Praxistheorien interessieren sich vor allem, wie der Soziologe Karl H. Hörning betont, für das „Hervorbringen des Denkens *im* Handeln und weniger für das kognitive Vorwissen um die Welt und ihre Dinge". Das Handeln hat so seine eigenen, sich aus dem Handlungsfluss ergebenden Ursachen. Während Handlungen im klassischen Zweck-Mittel-Vokabular und in den Vorstellungen von *rational choice* verkürzt als zielgerichtet, utilitaristisch und nutzenorientiert erscheinen, bricht die Praxistheorie mit logozentrischen Handlungsmodellen und stellt das Erfahrungswissen sowie das praktische Können der Akteure in das Zentrum der Analyse[5]. Der Freiburger Soziologe Hans Joas verweist auf die klassische Konzeption einer reziproken Beziehung zwischen Handlungszielen und Handlungsmitteln bei John Dewey, einem führenden Philosophen des amerikanischen Pragmatismus: Dewey gehe „nicht von klaren Zielen des Handelns als Regelfall" aus, „auf die sich dann die Mittelwahl bloß noch auszurichten hat. Vielmehr seien Handlungsziele meist relativ unbestimmt und werden erst durch die Entscheidung über zu verwendende Mittel spezifiziert." Zudem könne sich dadurch, dass bestimmte Mittel zur Verfügung stehen, der Spielraum der Zielsetzung erweitern: „Die Dimension der Mittel ist damit nicht neutral gegenüber der Dimension der Ziele."[6]

Habitus. Grundlagen, Zugänge, Forschungsperspektiven, Wiesbaden 2013, S. 307–324; Robert Schmidt, Soziologische Praxistheorien (erscheint 2015).
[4] Vgl. Sven Reichardt, Praxeologie und Faschismus. Gewalt und Gemeinschaft als Elemente eines praxeologischen Faschismusbegriffs, in: Hörning/Reuter (Hrsg.), Doing Culture, S. 129–153; Robert O. Paxton, The Anatomy of Fascism, New York 2004, insbesondere S. 15 ff., S. 19, und S. 21; Wolfgang Schieder, Faschistische Diktaturen. Studien zu Italien und Deutschland, Göttingen 2008, insbesondere S. 15 und S. 17–24.
[5] Karl H. Hörning, Kultur und soziale Praxis. Wege zu einer „realistischen" Kulturanalyse, in: Andreas Hepp/Rainer Winter (Hrsg.), Kultur – Medien – Macht. Cultural Studies und Medienanalyse, Opladen 1997, S. 31–45, hier S. 34.
[6] Hans Joas, Die Kreativität des Handelns, Frankfurt a. M. 1992, S. 227. Vgl. auch Gregor Bongaerts, Soziale Praxis und Verhalten. Überlegungen zum Practice Turn in

Dieser Gedankengang beruht darauf, dass die Zwecksetzung als Resultat einer Situation begriffen wird, auf die sich der Handelnde reflexiv bezieht. Verhalten und situatives Sinnverstehen werden als untrennbar miteinander verknüpfte Elemente verstanden. Forschungsgegenstand ist daher die *Genese* von Vorstellungen und Sinnstrukturen in ihren situativen Kontexten. Im Unterschied zu älteren hermeneutischen Kulturbegriffen ist der Akteur nicht Souverän der intersubjektiven und situativen Bedeutungsaushandlungen. In der Praxeologie wird der historische Akteur als interpretierendes Subjekt verstanden, das je nach Handlungskontext Bedeutungsinstabilitäten erzeugen und Transformationen ermöglichen kann.

Neben der Kontextualisierung von Handlungen und Sinnhorizonten widmet sich die Praxeologie der Ausdrucksgestalt von Handlungen und den Formen der Kultur. Performatives Handeln, symbolische Kommunikation und rituelle Demonstrationsformen lassen sich so als kulturell gebundenes Sinnverstehen und als Vollzugswirklichkeiten rekonstruieren. Dabei wird darauf abgehoben, dass Rituale, Inszenierungen, Sprechakte oder Verhaltensformen nicht bloß aufgeführt werden und etwas abbilden, sondern ihrerseits erstens im Zusammenspiel aller Beteiligten vom Produzenten bis zum Rezipienten Bedeutungen hervorbringen und Realität setzen. Zweitens sind diese Erzeugungsprinzipien immer in bestimmte mediale Formen und deren Eigenlogiken eingebunden. Drittens entfalten Rituale ihre innovative Kraft in und durch ihre Schwellenüberschreitungen[7].

Letztlich verklammert der praxeologische Ansatz immer Kultur und Macht, wobei unter Kultur keine homogene, stabile oder fest gefügte Einheit verstanden wird. Der „Kampf um Bedeutungen", der Konflikt um den Sinn und Wert von kulturellen Traditionen, Erfahrungen und Praktiken steht im Zentrum des praxeologischen Interesses. Kultureller Konsens und diskursive

---

Social Theory, in: ZfS 36 (2007), S. 246–260, insbesondere S. 254–257. Zur Historisierung des amerikanischen Pragmatismus vgl. Louis Menand, The Metaphysical Club, London 2001.

[7] Vgl. Erika Fischer-Lichte/Doris Kolesch (Hrsg.), Kulturen des Performativen, Berlin 1998; Erika Fischer-Lichte, Vom „Text" zur „Performance". Der „performative turn" in den Kulturwissenschaften, in: Georg Stanitzek/Wilhelm Vosskamp (Hrsg.), Schnittstelle: Medien und Kulturwissenschaften, Köln 2001, S. 111–115; Jürgen Martschukat/ Steffen Patzold, Geschichtswissenschaft und „performative turn". Eine Einführung in Fragestellungen, Konzepte und Literatur, in: dies. (Hrsg.), Geschichtswissenschaft und „performative turn". Ritual, Inszenierung und Performanz vom Mittelalter bis zur Neuzeit, Köln u. a. 2003, S. 1–31; Gabrielle M. Spiegel, Introduction, in: dies. (Hrsg.), Practicing History. New Directions in Historical Writing After the Linguistic Turn, London/New York 2005, S. 1–31, hier S. 20.

Einprägungen sind gesellschaftlich nur schwer herzustellen, sie sind die historische Ausnahme, nicht aber die Regel des sozialen Lebens. Kulturelle Praktiken sind variabel, umstritten, veränderlich und unabgeschlossen, insofern sie Produkte von Machtkämpfen asymmetrisch aufeinander bezogener Akteure um Bedeutungen und Werte sind[8]. Versteht man Kultur als Kampf um Bedeutungen, Sinnorientierungen, Symbole und Werte, dann verliert diese ihre soziale und politische Ortlosigkeit, wird lebensgeschichtlich kontextualisiert und dynamisiert – sie ist Ausdruck praktischer Problemlagen und symbolischer Machtkämpfe in einer dynamischen Welt, die in einem unablässigen Werden begriffen ist. Da das Handeln in seiner kreativen wie auch reproduktiven Qualität thematisiert wird, ist die Praxeologie mit ihrer Betonung von Begriffen wie Zeit, Prozess, Reproduktion und Wandel, Entwicklung oder Transformation eine explizit historisch und prozessual ausgerichtete Kultur- und Sozialwissenschaft[9].

3. Faschismus

Anders als bei dem israelischen Politologen Zeev Sternhell wird der Faschismus aus praxeologischer Perspektive nicht einfach ideengeschichtlich abgeleitet[10]. Ideologische Kohärenz erreichte nicht einmal der Nationalsozialis-

---

[8] Vgl. Lawrence Grossberg/Cary Nelson/Paula Treichler (Hrsg.), Cultural Studies. New York/London 1992; William H. Sewell, The Concept(s) of Culture, in: Victoria E. Bonnell/Lynn Hunt (Hrsg.), Beyond the Cultural Turn. New Directions in the Study of Society and Culture, Berkeley/Los Angeles 1999, S. 35–61, hier S. 52–58; Karl H. Hörning/Rainer Winter, Widerspenstige Kulturen. Cultural Studies als Herausforderung, Frankfurt a. M. 1999, S. 8.
[9] Vgl. Friedrich Jaeger, Historische Kulturwissenschaft, in: ders./Jürgen Straub (Hrsg.), Handbuch der Kulturwissenschaften, Bd. 2, Stuttgart 2004, S. 518–545, hier S. 532; Sherry B. Ortner, Theory in Anthropology since the Sixties, in: Nicholas Dirks/Geoff Eley/Sherry B. Ortner (Hrsg.), Culture/Power/History. A Reader in Contemporary Social Theory, Princeton 1994, S. 372–411, hier S. 402f.; Spiegel, Introduction, S. 10 und S. 25; Terrence J. McDonald (Hrsg.), The Historic Turn in Human Sciences, Ann Arbor 1996; Gareth Stedman Jones, The Determinist Fix. Some Obstacles to the Further Development of the Linguistic Approach to History in the 1990s, in: History Workshop Journal 42 (1996), S. 19–35.
[10] Vgl. Zeev Sternhell/Mario Sznajder/Maia Asheri, Die Entstehung der faschistischen Ideologie. Von Sorel zu Mussolini, Hamburg 1999, S. 23. Zur Kritik an Sternhell vgl. António Costa Pinto, Fascist Ideology Revisited: Zeev Sternhell and His Critics, in: EHQ 16 (1986), S. 465–483; Robert Wohl, French Fascism, Right and Left: Reflections on the Sternhell Controversy, in: JMH 63 (1991), S. 91–98; David D. Roberts, How not to Think about Fascism and Ideology, Intellectual Antecedents and Historical Meaning, in: JCH 35 (2000), S. 185–211; Andreas Wirsching, Zeev Sternhell und der

mus – trotz der zweifellos zentralen Bedeutung seines Rassismus. Beim nationalsozialistischen „Gemeinschaftsgeist", das schrieb schon der Staatsrechtler Reinhard Höhn 1934, handelte es sich „nicht um ein verstandesgemäßes Überzeugtsein". Man könne die nationalsozialistische Gemeinschaft nicht „durch Wissen allein herbeiführen"[11]. Neben „blutmäßiger und artgemäßer Verbundenheit" sowie einem gemeinsamen Führertum sei es vor allem das sich auf möglichst viele Bereiche des Lebens erstreckende „Gemeinschaftserlebnis", welche die Einheit und Einheitlichkeit des Volkes herstelle.

Der Philosoph Ernst Bloch beschrieb diesen Kern faschistischer Lebensphilosophie 1935 so: „Nicht die ‚Theorie' der Nationalsozialisten, wohl aber ihre Energie ist Ernst, der fanatisch-religiöse Einschlag, der nicht nur aus Verzweiflung und Dummheit stammt, die seltsam aufgewühlte Glaubenskraft"[12]. Der Faschismus hatte seinen Schwerpunkt zweifellos im „politischen Feld", in dem es um Machtkämpfe, Affekte, Emotionen und strategische Ziele geht. Seine Implementierung im „intellektuellen Feld", in dem die Entwicklung möglichst kohärenter Ideologien, stringenter Doktrinen und in sich geschlossener Ideenwelten im Vordergrund steht, blieb dagegen nachrangig[13]. Für Faschisten bewies sich die Wahrheit einer Idee an ihrem Erfolg, an ihrer Durchsetzungskraft und Handlungsmacht[14]. „Schauen und Wollen", so könnte man im Anschluss an den Philosophen, Charakterologen und Graphologen Ludwig Klages formulieren, bezeichnete bei den Faschisten mehr als nur die „Selbsthingabe"[15]. Die Faschisten begriffen sich als Tatmenschen, deren Willensstärke als Ausdruck ihrer Geisteshaltung und rassischen Zugehörigkeit interpretiert wurde. Diese Lebenseinstellung könnte man als Ideologie bezeichnen, würde dabei aber verkennen, dass diese ideologische Haltung kaum in Begründungszusammenhänge und stringente Argumentationsketten eingebunden werden konnte, sondern als Selbstzweck galt.

---

französische „Faschismus", in: Mittelweg 36 9 (2000/01) H. 6, S. 41–52; Roger Griffin, The Nature of Fascism, London 1991; Sven Reichardt, Neue Wege der vergleichenden Faschismusforschung, in: Mittelweg 36 16 (2007/08) H. 1, S. 9–25, hier S. 11–16.

[11] Reinhard Höhn, Vom Wesen der Gemeinschaft, Berlin 1934, S. 9 und S. 28; zum Folgenden ebenda, S. 15 und S. 22.

[12] Ernst Bloch, Erbschaft dieser Zeit, Frankfurt a. M. 1985, S. 65f.

[13] Vgl. Stefan Breuer, Nationalismus und Faschismus. Frankreich, Italien und Deutschland im Vergleich, Darmstadt 2005, S. 11; Sven Reichardt, Faschistische Kampfbünde. Gewalt und Gemeinschaft im italienischen Squadrismus und in der deutschen SA, Köln u. a. 2., durchgesehene und ergänzte Aufl. 2009, S. 22–26.

[14] Vgl. Jan-Werner Müller, Contesting Democracy. Political Ideas in Twentieth-Century Europe, New Haven/London 2011, S. 93.

[15] Ludwig Klages, Vom kosmologischen Eros, Jena 3., veränderte Aufl. 1930, S. 73.

Anstatt die Wirkungsmacht des Faschismus in seiner intellektuellen Deutungskraft oder in der Geschlossenheit seiner Ideenwelt zu suchen, bezieht sich die Praxeologie nicht zuletzt auf die Erlebnisdimension des Faschismus, auf welche bereits die faschistischen Intellektuellen hingewiesen haben. Denn die körperlichen Verhaltensroutinen, kollektiven Sinnmuster und Symbole der Faschisten erzeugten eine nicht zu unterschätzende Integrationskraft. „Wenn man die Gemeinsamkeit in Fahne und Gruß nicht versteht", formulierte der nationalsozialistische Pädagogikprofessor Alfred Baeumler im Mai 1933, „versteht man das Ganze nicht". Diese Integrationskraft des Symbolischen, so Baeumler in seiner Antrittsvorlesung, könne man durchaus als eine Art wertgebundener Ethik verstehen: „Humanität ist da, wo Menschen an ein Symbol glauben und sich einsetzen, wo ein Symbol begeistert und fortreißt zu Gestaltungen und Taten."[16] In der Bedeutung ihrer Symbole und Rituale, so kann man die Partikularethik knapp zusammenfassen, vermischten die Faschisten die drei Ebenen des sakralisiert Erhabenen mit dem angsteinflößenden Unheimlichen und dem populär Karnevalesk-Spektakulären[17]. Diese drei Elemente konnten sich in unterschiedlichen Varianten ausprägen und kombinieren. Während etwa die italienischen Faschisten modernistisch-avantgardistische Erhabenheit, gewaltbetonende Virilität und traditionell-populäre Sprache und Symbolik des Katholizismus miteinander vermischten, verbanden die Nationalsozialisten den entrückten Führerkult mit der Drohgebärde ihrer rassistischen SS-Ästhetik und dem Kollektivismus der volkstümelnden Gemeinschaft.

Es gab, trotz der großen Flexibilität in politischen Äußerungen zu konkreten Einzelfragen und trotz der situativen Variabilität, einen Rahmen, in dem die faschistischen Bewegungen verblieben. Der Faschismus lässt sich als eine Form politischer und sozialer Praxis definieren, die sich in Symbolen, Ritualen und Weltsichten einer rassistischen und „völkisch" homogenen Gemeinschaft artikulierte. Diese Grundhaltung stand in einem unmittelbaren Verhältnis zur Lebenspraxis der Mitglieder faschistischer Bewegungen, die durch Empathiemangel und Autismus geprägt war, während die Intransigenz der Kommunisten stärker von einem ideologisch fundierten Ideensatz motiviert wurde. Offene Diskussion, geregelte Verhandlung und Kompromissfindung waren bei den Kommunisten durch die Barrieren einer ideologischen Ersatzwelt erschwert, bei den Faschisten hingegen vor allem

---

[16] Alfred Baeumler, Männerbund und Wissenschaft, Berlin 1943, S. 135.
[17] Vgl. Dominick LaCapra, The Literary, the Historical, and the Sacred, in: ders., History, Literature, Critical Theory, Ithaca u. a. 2013, S. 120–147.

durch einen gemeinsamen politischen Stil, der die Gruppe zusammenhielt und Ausfluss ihrer Lebenspraxis war. Was die Faschismen einte, war eine bestimmte politische Praxis, die sich eines ästhetisierten Kults des Willens und der Gewalt bediente. Der faschistische Habitus war nicht nur Ausdruck, sondern strukturierte auch ihre Weltsicht[18].

4. Kontexte: Situativ eingebundene Einstellungen und Verhaltensweisen

Der Faschismus ist weder ohne den Ersten Weltkrieg, der Europa wirtschaftlich, sozial und kulturell erschütterte, noch ohne den rasanten Aufstieg seines großen Gegenspielers, des Kommunismus, zu denken. Beides beförderte Aufstieg und gesellschaftliche Akzeptanz der gewaltsamen Tatgemeinschaft des Faschismus. Er wurde durch gesellschaftliche Konstellationen begünstigt, die ihm wichtige Gelegenheitsstrukturen zur Radikalisierung boten: Die weite Verbreitung eugenisch geprägter Schemata sozialer Wohlfahrt, die im Krieg entstandenen Phantasien einer totalen und staatlich angeleiteten Gesellschaftsgestaltung, der auf Gemeinschaft und Kameraderie ausgelegte Nationalismus und die Akzeptanz von Gewalt und Paramilitarismus als normale Mittel der Politik. All dies war in Europa weit verbreitet und spielte den faschistischen Bewegungen in die Hände.

Ihre Protagonisten traten im Europa der Zwischenkriegszeit als staatsorientierte Rechtsnationalisten auf, als Rassisten mit wissenschaftlichem Anspruch und als paramilitärische Gewaltunternehmer. Damit radikalisierten sie Entwicklungen, die sich bereits vor und neben ihnen durchgesetzt hatten. Als Massenbewegungen strebten die Faschismen aber, anders als die rechtsautoritären Parteien, soziale Beteiligung an[19]. Die faschistischen Bewegungen verklammerten Gewalt mit Partizipation, oder – um mit Zygmunt Bauman zu sprechen – die „Gartenbau betreibenden modernen Staaten" des

---

[18] Zum Folgenden vgl. Martin Broszat, Der Staat Hitlers. Grundlegung und Entwicklung seiner inneren Verfassung, München [13]1992, S. 33–49; Robert O. Paxton, The Anatomy of Fascism, New York 2004, S. 16 und S. 218ff.; Michael Mann, Fascists, Cambridge u. a. 2004, S. 13–17 und S. 358ff.; Reichardt, Faschistische Kampfbünde, S. 19–36; Sven Reichardt, Triumph der Tat, in: Zeit-Geschichte 3/2013, S. 14–19; Armin Nolzen, Martin Broszat, der „Staat Hitlers" und die NSDAP. Einige Bemerkungen zur „funktionalistischen" Interpretation des „Dritten Reiches", in: Revue d'Allemagne et des Pays de langue allemande 32 (2000), S. 433–450; Norbert Frei (Hrsg.), Martin Broszat, der „Staat Hitlers" und die Historisierung des Nationalsozialismus, Göttingen 2007.
[19] Vgl. Sven Reichardt, Faschistische Beteiligungsdiktaturen. Anmerkungen zu einer Debatte, in: Tel Aviver Jahrbuch für deutsche Geschichte 42 (2014), S. 133–157.

Faschismus verknüpften ihr *Social engineering* mit Mobilisierungsprozessen in der Bevölkerung[20].

Sachverstand und technische Rationalität waren angesichts der faschistischen Leitformeln von Führerstaat, Volkskörper und Lebensraum umso bedeutender, als die Sozialexperten hier an den diffusen Rassismus und seine vagen Handlungsziele problemlos anknüpfen konnten und mit scheinbar nüchternem Tatsachenblick an die Steuerung der Bevölkerungsentwicklung, die rassistische Gesundheitspolitik, die Gemeinschafts- und Siedlungsplanung herangingen[21]. Der Weg zur Beglückung einer durch Sozialtechnologen homogenisierten, gereinigten und standardisierten Gesellschaft führte im Faschismus notwendigerweise zu Ausmerze, Vernichtung und Gewalt. Weil sich die damit verknüpfte Todesmacht als Komplement einer positiven „Lebensmacht" darstellte, die das Leben der gesamten Bevölkerung zu steigern vorgab, konnte sie ihren Anspruch auf totale Kontrolle und Regulation umsetzen. Oder wie Michel Foucault schrieb:

„Kriege werden nicht mehr im Namen eines Souveräns geführt, der zu verteidigen ist, sondern im Namen der Existenz aller. [...] Die Massaker sind vital geworden. Gerade als Verwalter des Lebens und Überlebens, der Körper und der Rasse, haben so viele Regierungen in so vielen Kriegen so viele Menschen töten lassen [...] Auf dem Spiel steht [...] nicht mehr die juridische Existenz der Souveränität, sondern die biologische Existenz einer Bevölkerung. Wenn der Völkermord der Traum der modernen Mächte ist, so nicht aufgrund einer Wiederkehr des alten Rechts zum Töten, sondern eben weil sich die Macht auf der Ebene des Lebens, der Gattung, der Rasse und der Massenphänomene der Bevölkerung abspielt."[22]

---

[20] Vgl. Zygmunt Bauman, Moderne und Ambivalenz. Das Ende der Eindeutigkeit, Hamburg 1992; Zygmunt Bauman, Dialektik der Ordnung. Die Moderne und der Holocaust, Hamburg 1992; Thomas Etzemüller, Social engineering als Verhaltenslehre des kühlen Kopfes. Eine einleitende Skizze, in: ders. (Hrsg.), Die Ordnung der Moderne. Social engineering im 20. Jahrhundert, Bielefeld 2009, S. 11–39.
[21] Vgl. Lutz Raphael, Sozialexperten in Deutschland zwischen konservativem Ordnungsdenken und rassistischer Utopie (1918–1945), in: Wolfgang Hardtwig (Hrsg.), Utopie und politische Herrschaft im Europa der Zwischenkriegszeit, München 2003, S. 327–346, hier S. 328 und S. 336–340; Isabel Heinemann/Patrick Wagner (Hrsg.), Wissenschaft – Planung – Vertreibung. Neuordnungskonzepte und Umsiedlungspolitik im 20. Jahrhundert, Stuttgart 2006; Patrick Bernhard, Die „Kolonialachse". Der NS-Staat und Italienisch-Afrika 1935 bis 1943, in: Lutz Klinkhammer/Amedeo Osti Guerrazzi/Thomas Schlemmer (Hrsg.), Die „Achse" im Krieg. Politik, Ideologie und Kriegführung 1939–1945, Paderborn u. a. 2010, S. 147–175; Maria Sophia Quine, Racial „Sterility" and „Hyperfecundity" in Fascist Italy: Biological Politics of Sex and Reproduction, in: Fascism. Journal of Comparative Fascist Studies 1 (2012), S. 92–144.
[22] Michel Foucault, Der Wille zum Wissen. Sexualität und Wahrheit I, Frankfurt a. M. 1983, S. 132 f.; Detlev J.K. Peukert, Die Genesis der „Endlösung" aus dem Geist der

Alle faschistischen Bewegungen und Regime waren rassistisch, erklärten die „ethnische Reinigung" ihres Volkskörpers zu ihrem Hauptziel. Dieser Rassismus manifestierte sich im Antisemitismus, der nicht nur die NS-Bewegung, sondern auch den rumänischen Faschismus unter Zelea Codreanu, den ungarischen Faschismus unter Ferenc Szálasi oder die kroatische Ustaša unter Ante Pavelić prägte[23]. In den letzten Jahren ist deutlich geworden, dass auch der italienische Faschismus antisemitische und rassistische Züge trug und sich in dieser Beziehung nicht strukturell, sondern nur graduell vom Nationalsozialismus unterschied. Dies zeigte sich in der antisemitischen Gesetzgebung, die keineswegs allein auf deutschen Druck hin eingeführt wurde, in den rassistischen Dimensionen der faschistischen Bevölkerungspolitik, Medizin und Anthropologie, im Siedlerkolonialismus in Afrika und in der Besatzungspolitik in Albanien, Kroatien, Südfrankreich und Griechenland. Seit 1935/36, so die These der neueren Forschung, näherte sich der italienische Faschismus in seiner rassistischen Gesellschaftspolitik dem NS-Regime an; er ging dabei anfangs radikaler vor als die autoritären Regime in Ungarn, Rumänien und Polen[24].

Die Reinigungs- und Einheitlichkeitsobsessionen des Faschismus konstruierten ein klares Feindbild sowohl im Inneren als auch im Äußeren der

---

Wissenschaft, in: ders.: Max Webers Diagnose der Moderne, Göttingen 1989, S.102–121; vgl. hierzu Michael Wildt, Biopolitik, ethnische Säuberungen und Volkssouveränität. Eine Skizze, in: Mittelweg 36 15 (2006/07) H.6, S.87–106.

[23] Vgl. Alexander Korb, Im Schatten des Weltkriegs. Massengewalt der Ustaša gegen Serben, Juden und Roma in Kroatien 1941–1945, Hamburg 2013; Alexander Korb, Understanding Ustaša Violence, in: Journal of Genocide Research 12 (2010), S.1–18; Armin Heinen, Rumänien, der Holocaust und die Logik der Gewalt, München 2007; Radu Harald Dinu, Faschistische Gewalt „von unten". Rumänien 1940–1941, in: Mihai-D. Grigore/Radu Harald Dinu/Marc Živojinović (Hrsg.), Herrschaft in Südosteuropa. Kultur und sozialwissenschaftliche Perspektiven, Göttingen 2011, S.177–193; Radu Harald Dinu, Die Legion „Erzengel Michael". Gewalt und Gemeinschaft im rumänischen Faschismus, in: Jahrbücher der Geschichte und Kultur Südosteuropas 9/10 (2007/08), S.105–126; Bela Bodo, Hungarian Aristocracy and the White Terror, in: JCH 45 (2010), S.703–724; Bela Bodo, The White Terror in Hungary, 1919–1921. The Social Worlds of Paramilitary Groups, in: Austrian History Yearbook 42 (2011), S.133–163.

[24] Zum Antisemitismus in Italien liegt mittlerweile eine breite Literatur vor. Neben den Schriften von Fabio Levi, Enzo Collotti, Angelo Ventura oder Amedeo Osti Guerrazzi vgl. Alberto Burgio (Hrsg.), Nel nome della razza. Il razzismo nella storia d'Italia, Bologna 1999; Michele Sarfatti, Gli ebrei nell'Italia fascista. Vicende, identità, persecuzione, Turin 2000; Thomas Schlemmer/Hans Woller, Der italienische Faschismus und die Juden 1922 bis 1945, in: VfZ 53 (2005), S.165–201; Michele Sarfatti, Autochtoner Antisemitismus oder Übernahme des deutschen Modells? Die Judenverfolgung im fa-

Nation. Das radikal ordnende Denken kam aber nicht ohne partizipatorische Angebote aus. Es war vor allem der organisch-integrale Nationalismus, der dieses Feld plebiszitärer Akklamationen eröffnete und nicht ohne den Bezug auf Gewalt, Willen, auf Soldatentum und kameradschaftliche Vergemeinschaftung zu denken ist. Der palingenetische und integrale Radikalnationalismus der Faschisten förderte zudem die chiliastischen Einstellungen, die bei Begräbniszeremonien praktisch erfahren und durch Symbole von der Fahne bis zur Uniform verfestigt wurden. Es manifestierte sich das militärische und hierarchische Bild einer nationalen Gemeinschaft, die durch fanatischen Antikommunismus und Rassismus ebenso geprägt war wie durch ihre männlich-kameradschaftliche Gesellungsform.

Mit der freiwilligen Eingliederung in eine Gemeinschaft ging die Verpflichtung zur bedingungslosen Gefolgschaft einher, die die faschistische Volksgemeinschaft sowohl integrierte als auch hierarchisierte. Der Literaturwissenschaftler Hans Ulrich Gumbrecht hat dies als „Paradoxie der wechselseitigen Unterordnung" von Führer und Gefolgschaft beschrieben: „Nach allgemein herrschender Meinung muß der wahre Führer das Kollektiv, aus dem er hervorgegangen ist, verkörpern. Ohne derartige Wurzeln kann er kein Führer sein – doch zugleich ist er einsamer und weiter von der Masse entfernt als jeder andere". Diese Isoliertheit war eine Bedingung sei-

schistischen Italien, in: Klinkhammer/Osti Guerrazzi/Schlemmer (Hrsg.), „Achse" im Krieg, S. 231–243. Zu *Social engineering* und Rassismus im faschistischen Italien vgl. Carl Ipsen, Dictating Demography. The problem of population in Fascist Italy, Cambridge 1996; Giorgio Israel/Pietro Nastasi, Scienza e razza nell'Italia fascista, Bologna 1998; Roberto Maiocchi, Scienza italiana e razzismo fascista, Florenz 1999; Aaron Gillette, Racial Theories in Fascist Italy, London/New York 2002; Francesco Cassata, Molti, sani e forti. L'eugenetica in Italia, Turin 2006. Zur Kolonialpolitik vgl. (neben den wichtigen Arbeiten von Angelo Del Boca) Giulia Barrera, Mussolini's colonial race laws and state-settler relations in Africa Orientale Italiana (1935–1941), in: JMIS 8 (2003), S. 425–443; Davide Rodogno, Il nuovo ordine mediterraneo. Le politiche di occupazione dell'Italia fascista in Europa (1940–1943), Turin 2003; Aram Mattioli, Experimentierfeld der Gewalt. Der Abessinienkrieg und seine internationale Bedeutung 1935–1941, Zürich 2005; Ruth Ben-Ghiat/Mia Fuller (Hrsg.), Italian Colonialism, Basingstoke 2005; Giulia Brogini Künzi, Italien und der Abessinienkrieg 1935/36. Kolonialkrieg oder Totaler Krieg?, Paderborn u. a. 2006; Mia Fuller, Moderns Abroad. Architecture, Cities, and Italian Imperialism, London 2006; Eric Salerno, Uccideteli tutti. Libia 1943. Gli ebrei nel campo di concentramento fascista di Giado, Mailand 2007; Nicola Labanca, Oltremare. Storia dell'espansione coloniale italiano, Bologna 2007; Alessandra Kersevan, Lager italiani. Pulizia etnica e campi di concentramento fascisti per civili jugoslavi 1941–1943, Rom 2008; Patrick Bernhard, Behind the Battle Lines. Italian Atrocities and the Persecution of Arabs, Berbers, and Jews in North Africa during World War II, in: Holocaust and Genocide Studies 26 (2012), S. 425–446.

nes Charismas. Der politische Führer bedurfte darüber hinaus der ständigen Bewährung und Bestätigung seiner außeralltäglichen Eigenschaften durch die Gefolgschaft. Er stand dadurch paradoxerweise in einem zugleich rigiden wie losen Machtverhältnis zu seiner Gefolgschaft, da sich sein Charisma nur durch die Interaktion, den Glauben und die Anerkennung durch die Gefolgschaft bewährte[25].

Die Radikalität des Faschismus wurde durch eine polykratische und netzwerkartige Herrschaftsstruktur befördert, die sich durch charismatische Führerschaft und eine permanente Mobilisierung stabilisierte. In allen europäischen Faschismen verdoppelten sich im Zuge der Regimeentwicklung die staatlichen und parteilichen Instanzen. Durch die Ämterrivalität und das Hineinregieren von Parteiinstanzen in die staatliche Verwaltung entstand ein Herrschaftssystem, das nahezu postmoderne Organisationsformen hervorbrachte: personengebundenes *networking*, Informalisierung von Entscheidungsverfahren, parainstitutionelle Kommunikations- und Koordinationsforen. Rivalität und Wettbewerb unter den neuen und alten Instanzen mobilisierten Leistungsreserven, und die Informalisierung von Entscheidungen und Koordinationsmechanismen führte zu beschleunigten Handlungsabläufen und schließlich zu permanenter Radikalisierung. Gewalt, Tempo, Jugend und Technik wurden in den faschistischen Diktaturen symbolisch aufgewertet und zusammengeführt. Wer am schnellsten und zupackendsten zu agieren vermochte, so lautete das Selbstbild, der setzte sich durch. Die Faschisten feierten die technischen Beschleunigungen ebenso, wie sie die Jugend als bewegliche, entschlussfreudige Avantgarde glorifizierten. Das Überkommene werde hinweggefegt, lautete das Motto einer rauschhaften Geschwindigkeit und Dynamik, die durch gesellschaftliche Mobilisierungen in Politik und Krieg prämiert wurde[26].

Der Faschismus basierte nicht nur in seiner innerstaatlichen Struktur auf einer netzwerkartigen Herrschaftsform, er verband sich auch international, meist jenseits geregelter Bahnen. Die faschistischen Netzwerke waren ins-

---

[25] Hans Ulrich Gumbrecht, 1926. Ein Jahr am Rand der Zeit, Frankfurt a. M. 2001, S. 416–423 (die Zitate finden sich auf S. 416 f.); vgl. Hans Ulrich Wehler, Deutsche Gesellschaftsgeschichte, Bd. 4: Vom Beginn des Ersten Weltkriegs bis zur Gründung der beiden deutschen Staaten 1914–1949, München 2003, S. 551–558.

[26] Vgl. Sven Reichardt/Wolfgang Seibel (Hrsg.), Der prekäre Staat. Herrschen und Verwalten im Nationalsozialismus, Frankfurt a. M. 2011; Hans Mommsen, Die Realisierung des Utopischen. Die „Endlösung der Judenfrage" im „Dritten Reich", in: GuG 9 (1983), S. 381–420; Fernando Esposito/Sven Reichardt, Revolution and Eternity. Introductory Remarks on Fascist Temporalities, in: JMEH 12 (2014).

gesamt instabil, flüchtig und schwach koordiniert. Sie etablierten sich nicht selten informell und über einzelne Personen. Dabei half dem Faschismus nicht nur sein radikaler Antikommunismus und völkischer Antisemitismus, sondern auch sein Image als neue, unverbrauchte Bewegung des „dritten Wegs" zwischen Kommunismus und Kapitalismus. Der berufständisch gegliederte Korporatismus des italienischen Faschismus erregte großes internationales Aufsehen und sicherte ihm in weiten Teilen Europas (auch außerhalb faschistischer Kreise) hohe Aufmerksamkeit. Die Faschismen waren insgesamt, von der Freizeitorganisation bis zum Repressionsapparat, durch gegenseitigen Kontakte, wechselseitige Wahrnehmungen, Transfers und Austauschbeziehungen geprägt und verflochten sich dadurch in unterschiedlichen Graden miteinander. Diese wechselseitigen transfer- und beziehungshistorischen Verflechtungen konnten, gerade im Bereich der Repressionspolitik, zu Überbietungs- und Radikalisierungsprozessen führen[27].

Der faschistische Kult von Beschleunigung und Jugendlichkeit, von nationaler Einheit und völkischer Reinheit, von Gemeinschaft und Willen wurde, so kann man zusammenfassen, von nationalistischen Militaristen getragen, die in Massenverbänden organisiert und mit den traditionellen Eliten verbunden waren, die sie zugleich (nicht zuletzt durch ihre kulturrevolutionären Vorstellungen) massiv herausforderten. Der Faschismus verband populistischen Massenenthusiasmus mit ziviler Unterordnung, Ordnung mit Destruktion, konservative Beharrung mit dynamisch-juveniler Mobilität und Fanatismus mit Opportunismus. Die Ablehnung der liberalen Gesellschaft wie auch der sozialistischen Bewegungen manifestierte sich in der radikalen Gewaltausübung eines autoritär strukturierten Staates, der auf die rassistische „Reinigung" der Nation und auf außenpolitische Expansion und völkische Vernichtungskriege angelegt war.

---

[27] Vgl. Wolfgang Schieder, Das italienische Experiment. Der Faschismus als Vorbild in der Krise der Weimarer Republik, in: HZ 262 (1996), S. 73–125; Sven Reichardt/Armin Nolzen (Hrsg.), Faschismus in Italien und Deutschland. Studien zu Transfer und Vergleich, Göttingen 2005; Mario Ivani, Esportare il fascismo. Collaborazione di polizia e diplomazia culturale tra Italia fascista e Portogallo di Salazar (1928–1945), Bologna 2008, insbesondere S. 73–156; Daniela Liebscher, Freude und Arbeit. Zur internationalen Freizeit- und Sozialpolitik des faschistischen Italien und des NS-Regimes, Köln 2009; Federico Finchelstein, Transatlantic Fascism. Ideology, Violence and the Sacred in Argentina and Italy, 1919–1945, Durham/London 2010; Patrick Bernhard, Konzertierte Gegnerbekämpfung im Achsenbündnis. Die Polizei im Dritten Reich und im faschistischen Italien 1933–1943, in: VfZ 59 (2011), S. 229–262, hier S. 238–251.

5. Gewaltpraxis und Gewaltpartizipation

Wenn man den Faschismus anhand der von seiner Praxis ausgehenden Sinnmuster rekonstruiert, so fällt schon in der Aufstiegsphase die gewaltbestimmte Performanz ins Auge: die Faschisten standen für Vitalität, Intransigenz, Jugendkult, Militarismus, Kameradschaft, Disziplin, Virilität. Gewalttätige Aktionen waren der eigentliche Sinn und das Ziel der durch ihre Kampfbünde geprägten faschistischen Bewegungen. In der Aufstiegszeit gehörte in Italien und Deutschland etwa jeder zweite Faschist diesen Kampfbünden an, deren wesentlichster Zweck sowohl Gewalt gegen Sozialisten, Kommunisten und „Marxisten" als auch antisemitisch-rassistische Agitation war[28].

Die gewalttätige Zerschlagung traditioneller Gruppierungen und die „rasche Neuintegration [ihrer Mitglieder] im Sinne einer völlig neuen Gruppenformung" war dabei ein zentrales Kennzeichen der „Gruppenstrategie" der Faschisten[29]. Gewalt wurde zum „entscheidenden Prinzip der nationalsozialistischen Gesellschaftsorganisation"[30] und zu einem „bezeichnenden Zug" des Faschismus, der bis zu einer „mythischen Verehrung der ‚Härte' um ihrer selbst willen reichte"[31]. Faschistische Gewalt war ein Ausdruck kollektiver Willenssetzung, wobei die Gewaltaktionen einen Mythos erzeugten, der ihr bildhaftes Selbstverständnis darstellte und mobilisierend wirkte. Schon die im Gewaltakt angelegte Selbstüberschreitung und Selbstermächtigung verwies auf religiöse Grundfiguren. Gewalthandlungen waren für die Faschisten schöpferischer Lebenswille, Freiheitsakt, kollektiver Wille und eine heroische Tat. Die intellektuellen Bedenken kritischer Reflexion wurden dem Aktionismus geopfert. Was für die Faschisten zählte, war die Unmittelbarkeit des Handelns[32].

Gewalt als eine polyvalente Erscheinung faschistischer Bewegungen verlieh ihnen ihr unverwechselbares Gepräge: inhaltlich in den politischen Haltun-

---

[28] Vgl. Reichardt, Faschistische Kampfbünde, passim; Dinu, Faschistische Gewalt, S. 177–193; Dinu, Legion „Erzengel Michael", S. 105–126; Bodo, Hungarian Aristocracy, S. 703–724; Bodo, White Terror, S. 133–163.
[29] Karl Mannheim, Diagnose unserer Zeit. Gedanken eines Soziologen, Zürich u. a. 1951, S. 134–139, hier S. 134f.
[30] Franz Neumann, Behemoth. Struktur und Praxis des Nationalsozialismus 1933–1944, Frankfurt a. M. 1988, S. 467.
[31] Barrington Moore, Soziale Ursprünge von Diktatur und Demokratie. Die Rolle der Grundbesitzer und Bauern bei der Entstehung der modernen Welt, Frankfurt a. M. ²1987, S. 513.
[32] Vgl. Georges Sorel, Über die Gewalt, Innsbruck 1928, S. 215–263; Bernd Weisbrod, Religious Language of Violence. Some Reflections on the Reading of Extremes, in: Alf Lüdtke/Bernd Weisbrod (Hrsg.), No Man's Land of Violence. Extreme Wars in the 20th Century, Göttingen 2006, S. 251–276, hier S. 265.

gen, symbolisch im Propagandastil und der Parteiästhetik, organisatorisch in den paramilitärischen Kampfbünden, physisch bei den Parteiveranstaltungen und der alltäglichen „Parteiarbeit" auf der Straße. Die Gewalt diente zur Gruppenbindung nach innen und zur propagandistischen Verwertung nach außen. Die „Machtpropaganda" sollte den Faschisten das Prestige verschaffen, keine „leeren Schwätzer" zu sein. Der beschworene Kult der Gewalt und der Aktion, der sich auch in der Erzeugung und Verabsolutierung von Hass und Feindschaft ausdrückte, demonstrierte Intransigenz und verhöhnte jedwede Kompromissfähigkeit und jeden Weg rationaler Rechtsfindung. Der Faschismus war dadurch gekennzeichnet, dass er unfähig war, mit politischen Konflikten anders als mit Gewalt umzugehen. Er sanktionierte Konflikte, anstatt sie zu lösen[33].

Die von Nietzsche geprägte Formel *vivere pericolosamente* wurde von Faschisten wie Mussolini gepriesen und praktiziert. Der Todeskult prägte aber nicht nur ihn und die politische Moral der Eisernen Garde Rumäniens („Lang lebe der Tod"), sondern war ebenso allgemeiner Ausdruck des faschistischen Selbstverständnisses wie der Glaube an den Wert des Krieges. Im Krieg fand der Faschismus zu sich selbst. Das hat Sigmund Neumann in seinem Buch *Permanent Revolution* von 1942 als erster klar formuliert, denn faschistische Regime „are governments at war, originating in war, aiming at war, thriving on war"[34].

Der Faschismus hat seine politische Gestalt im Krieg gefunden, und er radikalisierte sie bis zum Vernichtungskrieg. Es ist kein Zufall, dass sich gerade im Krieg die faschistischen Vernichtungsphantasien konkretisierten und realisierten. Die Vorstellung, Ordnungsstiftung durch Gewalt und Ausmerze zu erreichen, wurde durch die Möglichkeiten, die sich im Krieg boten, zur gesellschaftlichen Realität, wenngleich die diesbezügliche Mobilisierung und die Vergesellschaftung des Krieges weit vor den eigentlichen Kriegshandlungen eingesetzt hatte[35].

---

[33] Zitate: Hannah Arendt, Elemente und Ursprünge totaler Herrschaft, München ²1991, S. 550 und S. 408.
[34] Sigmund Neumann, Permanent Revolution. The Total State in a World at War. New York/London 1942, S. 230; Müller, Contesting Democracy, S. 100f.; Constantin Iordachi, Charisma, Politics and Violence. The Legion of the „Archangel Michael" in Inter-war Romania, Trondheim 2004; Mihai Chioveanu, Religious Politics and Politics of Religion in 1930s Romania. The „Redemptive". Hyper-Nationalism of the Legion of „Archangel Michael", in: Studia Hebraica 6 (2006), S. 163–178.
[35] Zur Idee eines „faschistischen Krieges" vgl. Asfa-Wossen Asserate/Aram Mattioli (Hrsg.), Der erste faschistische Vernichtungskrieg. Die italienische Aggression gegen Äthiopien 1935–1941, Köln 2006. Eine Ableitung des Genozids als Konsequenz der

6. Schluss

Der Faschismus als eine gewaltsame Tatgemeinschaft erzeugte neue Erfahrungen, die von den Faschisten als Könnensreserven entdeckt und entsprechend interpretiert wurden. Die praxeologische Faschismusanalyse ist darauf gerichtet, die gesellschaftliche Wirkkraft und kulturelle Bedeutung von Handlungsmustern in den Mittelpunkt zu stellen. Es geht um die situative Logik und gesellschaftliche Interaktion von Ideen und Vorstellungen, es geht um den praktischen Sinn der handelnden Akteure.

Auch wenn hier die Bestimmung des Faschismus nach unterschiedlichen Institutionalisierungsgraden und Radikalisierungsstufen aus Platzgründen nicht nachgezeichnet werden konnte, so ist sie doch fundamentaler Bestandteil des praxeologischen Verständnisses, in dem der Faschismus nicht nur als ein philosophisches Konzept begriffen wird, welches auf ein „faschistisches Minimum" zurückzuführen sei. Es geht vielmehr um einen Erklärungsansatz, der die Veränderungs- und Radikalisierungsdynamik des Faschismus, seine sozialkulturellen Beziehungsverhältnisse und Interaktionsprozesse in den Mittelpunkt rückt[36].

eliminatorischen Ideologie des Faschismus bei: Kallis, Genocide and Fascism; Aristotle Kallis, Fascism, „Licence", and Genocide: From the Chimera of Rebirth to the Authorization of Mass Murder, in: Costa Pinto (Hrsg.), Rethinking, S. 227–270. Zur Vergesellschaftung des Krieges vgl. Benjamin Ziemann, „Vergesellschaftung der Gewalt" als Thema der Kriegsgeschichte seit 1914, in: Bruno Thoß/Hans-Erich Volkmann (Hrsg.), Erster Weltkrieg – Zweiter Weltkrieg. Ein Vergleich. Krieg, Kriegserlebnis und Kriegserfahrung in Deutschland, Paderborn u. a. 2002, S. 735–758; Oliver Werner (Hrsg.), Mobilisierung im Nationalsozialismus. Institutionen und Regionen in der Kriegswirtschaft und der Verwaltung des „Dritten Reiches" 1936 bis 1945, Paderborn u. a. 2013.
[36] Vgl. Schieder, Faschistische Diktaturen, S. 13–24; Roger O. Paxton, The Five Stages of Fascism, in: JMH 70 (1998), S. 1–23.

Emilio Gentile
Der „neue Mensch" des Faschismus
Reflexionen über ein totalitäres Experiment

1. Ein unterschätztes Projekt

Mussolini und die Faschisten betrachteten sich als die Avantgarde eines neuen Italien[1]. Sie wollten eine anthropologische Revolution ins Werk setzen, die eine neue Rasse von Herrschern, Eroberern und Zivilisationsstiftern hervorbringen sollte. Der Mythos des „neuen Italieners" spielte eine zentrale Rolle in der Kultur, der Politik und den Fernzielen des faschistischen Regimes. Vom Erfolg der anthropologischen Revolution hing es in den Augen der Faschisten ab, ob ihr totalitäres Experiment, einen „neuen Menschen" und eine neue Zivilisation zu schaffen, gelang oder nicht.

Trotz seiner herausragenden Bedeutung ist der Mythos des faschistischen „neuen Menschen" bis heute ein Randthema der Forschung geblieben. So fehlt nach wie vor eine umfassende, gut recherchierte Studie, die dieses Thema abdecken würde[2]. Einige Historiker haben vor allem die Widersprüche und die Unentschlossenheit der Faschisten bei der Umsetzung dieses Vorhabens und das Scheitern des Mythos betont[3]. Der Faschismus habe keine klaren Vorstellungen vom „neuen Menschen" gehabt, sein Konzept sei vage und widersprüchlich gewesen. Andere meinten, vor allem der faschistischen Vision vom „neuen Mann" sei nichts Neues eigen gewesen; dabei habe es sich um nichts anderes als um die künstliche, rhetorische und anachronistische Wiederbelebung des antiken römischen Legionärs oder um die Restauration uralter Modelle gehandelt[4]. Eines davon sei der gute, bescheidene, arbeitsame,

---

[1] Dieser Beitrag beruht auf: Emilio Gentile, Fascismo. Storia e interpretazione, Rom/Bari 2002, S. 235–264; das entsprechende Kapitel wurde für diesen Sammelband durchgesehen, gekürzt und überarbeitet.
[2] Eine Ausnahme ist George L. Mosse, Das Bild des Mannes. Zur Konstruktion der modernen Männlichkeit, Frankfurt a. M. 1997; der Autor befasst sich jedoch vorwiegend mit den körperlichen und ästhetischen Merkmalen des „neuen Menschen" beziehungsweise des „neuen Mannes" im Faschismus und im Nationalsozialismus.
[3] Bei Wolfgang Schieder (Der italienische Faschismus, 1919–1945, München 2010, S. 65) heißt es etwa lapidar: „Wodurch der Zukunftsmensch allerdings charakterisiert sein sollte, ist nie eindeutig definiert worden, geschweige denn, daß dies Projekt in die Praxis umgesetzt worden wäre."
[4] Dieser Roman erschien erstmals 1886 und ist im Kontext des *Risorgimento* zu sehen; in deutscher Übersetzung: Edmondo De Amicis, Cuore. Eine Kindheit vor hundert Jahren, Berlin 1996.

zähe Bauer gewesen, ein anderes der tugendhafte Bürger. Dieses Ideal habe sich an den Moralvorstellungen aus Edmondo De Amicis Roman „Cuore" orientiert, wo dem Bürger ein waches Pflichtbewusstsein sowie starke nationale und monarchische Überzeugungen attestiert werden. Und was die faschistische Vision von der „neuen Frau" betrifft, so ist sich die Forschung weitgehend einig, dass sich der Faschismus darauf beschränkte, das traditionelle Rollenmuster der Frau als Mutter, Braut, Hausherrin und Hüterin der Familie festzuschreiben[5].

Trotz dieser Vorbehalte und trotz des Scheiterns des Experiments, einen „neuen Menschen" zu schaffen, halte ich es für angebracht, die gängigen Deutungsmuster erneut auf den Prüfstand der Zeitgeschichte zu stellen, ehe man das Problem des neuen faschistischen Menschen für erledigt erklärt und ad acta legt. Eine wichtige Frage lautet dabei: Weshalb maß der Faschismus diesem Mythos und der Realisierung einer anthropologischen Revolution eine so große Bedeutung zu, dass er sich für dieses Projekt wie besessen engagierte und selbst dann nicht davon abließ, als längst klar geworden war, dass die Mehrheit der Italiener davor zurückschreckte, sich nach dem faschistischen Modell umformen zu lassen? Geklärt werden muss außerdem, ob der anthropologischen Revolution der Faschisten nicht doch ein kohärenter Kern, eine eigene Logik, zugrunde lag, die man erkennen muss, wenn man wichtige Aspekte des totalitären Experiments erfassen will, die anderenfalls im Dunkeln bleiben würden. Eine weitere offene Frage betrifft die Wandlungen, denen der Mythos von 1922 bis 1945 unterlag. Die Geschichte des faschistischen Mythos vom „neuen Menschen" kennt ja Kontinuitäten und Brüche, die Substanz und Erscheinungsformen des Mythos nicht unbeeinflusst ließen, der aber dennoch einige grundlegende Konstanten behielt.

2. Der „neue Italiener" – geistige Wurzeln eines Mythos

Der Mythos des „neuen Italieners" war Teil des umfassenderen Mythos von der Wiedergeburt des „neuen Menschen". Diese Vorstellung war kein erfundenes Hilfsmittel der faschistischen Propaganda, sondern in Mussolinis Weltbild und dem seiner Faschisten fest verankert. Außerdem hatte sie tiefe Wurzeln in der neueren Geschichte Italiens. Man kann das politische Engagement von so grundverschiedenen Männern wie Giovanni Gentile und Achille Starace, Giuseppe Bottai und Roberto Farinacci bei der Implementierung der anthropologischen Revolution niemals verstehen, wenn

---

[5] Einen Überblick bietet Patrizia Dogliani, Il Fascismo degli Italiani. Una storia sociale, Mailand 2008, S. 93–124 („Uomini e donne nel Fascismo").

man die Bedeutung des Mythos vom „neuen Italiener" für Kultur und Politik seit dem *Risorgimento* ignoriert. Auch wenn sich dieser Mythos auf das antike Rom berief, hatte er nichts rückwärts Gewandtes. Er war – im Gegenteil – dezidiert modern. Der Mythos des „neuen Italieners" war eng verbunden mit dem, was ich einmal den Mythos von der „Eroberung der Modernität" genannt habe – verstanden als ambitionierter Anspruch der italienischen Nation, die entwickelteren und fortschrittlicheren Nationen einzuholen und zu überholen[6].

In diesem Projekt spielte die ehrgeizige Idee einer nationalen Wiedergeburt eine wichtige Rolle. Es sei nicht der Geist, sondern der Charakter, der das Überleben der Nationen sichere, wie Francesco De Sanctis, der größte Erzieher des liberalen Italien, behauptet hatte[7]. De Sanctis bedrückte das Problem des moralischen und staatsbürgerlichen Niedergangs der Italiener, der in der Renaissance begonnen habe. Seit dieser Zeit befänden sich die Italiener in einer Art Dornröschenschlaf, weil ihrem Charakter „Ernsthaftigkeit und Glaubensstärke" fehlten, was ihren Verfall irreversibel gemacht habe. Mit dem *Risorgimento* sei die Wiedergeburt der Italiener eingeleitet worden; diese Aufgabe sei aber schwierig, weil „die italienische Rasse immer noch diese moralische Schwäche in sich trage und weil in ihrem Antlitz immer noch jenes Zeichen zu sehen sei, das uns die Geschichte der Doppelbödigkeit und Heuchelei" aufgeprägt habe.

Zu Beginn des 20. Jahrhunderts wurde der Mythos der nationalen Wiedergeburt von einigen politischen Bewegungen aufgenommen, die von einem größeren Italien träumten, das in der Lage sein sollte, eine führende Rolle bei der Schaffung einer neuen Zivilisation zu spielen[8]. Die Nationalisten mit ihren imperialistischen Ambitionen, die Intellektuellen um die Zeitschrift „La Voce", der Futurismus und andere Strömungen des nationalen Radikalismus verwandelten den Mythos der nationalen Wiedergeburt in ein Projekt der totalen geistigen, kulturellen und politischen Revolution. Diese Revolution habe das Ziel verfolgt, das liberale System aus den Angeln zu heben, das im Vergleich mit der imaginierten Größe und Modernität, wie sie den Patrioten des *Risorgimento* vorschwebten, als matte Sache erschien. Diese Bewegungen nahmen den Mythos vom „neuen Italiener" aber nicht

---

[6] Vgl. Emilio Gentile, La grande Italia. Ascesa e declino del mito della nazione nel ventesimo secolo, Mailand 1997, S. 23 ff.
[7] Hierzu und zum Folgenden Francesco De Sanctis, Saggi critici, Bd. 3, hrsg. von Luigi Russo, Bari 1957, S. 21 ff.
[8] Zur Charakterisierung dieses Zeitabschnitts vgl. Hans Woller, Geschichte Italiens im 20. Jahrhundert, München 2010, S. 17–62.

nur auf, sie entwickelten ihn fort, indem sie ihn mit der umfassenderen Idee des „neuen Menschen" in Verbindung brachten – einer Idee, die im 19. und im beginnenden 20. Jahrhundert in Mode gekommen war. Damit flossen in den Mythos vom „neuen Italiener" die Ideale einer zukünftigen neuen Menschheit ein, die von neuen, damals heftig diskutierten säkularen Religionen und Weltanschauungen verbreitet wurden; man denke an die Prophezeiungen von Karl Marx und Friedrich Nietzsche oder an die Zukunftsentwürfe der künstlerischen und kulturellen Avantgarde, die um die Jahrhundertwende in aller Munde waren.

Man muss sich mit diesen Bewegungen beschäftigen, weil sie bei der politischen Sozialisation der wichtigsten Propagandisten der faschistischen anthropologischen Revolution eine entscheidende Rolle spielten; das gilt auch für Benito Mussolini. Aus diesen Bewegungen stammte der Stoff, aus dem die Faschisten ihren Mythos vom „neuen Menschen" schufen[9]. Die Nationalisten zielten auf eine Wiedergeburt der Italiener, um sie physisch und moralisch zusammenzuschmieden, wobei diese in einem starken, autoritären Staat organisierte Kampf- und Eroberungsgemeinschaft auf einen globalen Wettstreit durch Krieg und Expansion eingestimmt werden müsse. Ihr Ideal des „neuen Italieners" war ein mutiger kriegerischer Mann, dem die Werte der glorreichen Vergangenheit vermittelt werden sollten, der aber dennoch fähig sein sollte, die Herausforderungen der Moderne zu meistern – einer Moderne, die als Epoche der Kriege und Eroberungen verstanden wurde.

Auch den Futuristen schwebte ein „neuer Italiener" vor. Er sollte kühn, aggressiv, gewaltbereit und skrupellos sein, Kämpfe und Eroberungen lieben, aber Traditionen und Vergangenheitstümelei über Bord geworfen haben; als freier Bürger eines auf seine Kernkompetenzen reduzierten Staates sollte er ganz zukunftsorientiert sein[10]. Die jungen Intellektuellen, die sich um die Zeitschrift „La Voce" sammelten, dachten anders. Sie fühlten sich zwar ebenfalls als die Wegbereiter und Künder einer intellektuellen und moralischen Neuausrichtung der Italiener; ihr Ausgangspunkt war aber die Versöhnung von Tradition und Moderne, der Primat des Einzelnen gegenüber der Nation und ein neues Staatsbewusstsein, das nicht auf Stärke und Eroberung basieren sollte[11].

---

[9] Vgl. Emilio Gentile, The Conquest of Modernity. From Modernist Nationalism to Fascism, in: Modernism/Modernity 1 (1994) H. 3, S. 55–87.
[10] Zum Futurismus und zum Verhältnis von Futurismus und Faschismus vgl. Monica Cioli, Il Fascismo e la ‚sua' arte. Dottrina e istituzioni tra futurismo e Novecento, Florenz 2011.
[11] Vgl. Emilio Gentile, „La Voce" e l'età giolittiana, Mailand 1972.

Auf dem anderen Ende des ideologischen Spektrums, in dem sich diese Bewegungen tummelten, finden sich die revolutionären Syndikalisten, die – bei allen Differenzen – mit den nationalistischen und futuristischen Strömungen sympathisierten und ähnlich zukunftsorientiert waren wie diese. Die revolutionären Syndikalisten kämpften für eine Wiedergeburt *der* Gesellschaft[12]. Ihr Ziel war es, einen „neuen Menschen" zu schaffen, der primär Produzent sein und im gewalttätigen Kampf und im zum Mythos stilisierten Generalstreik seine Form finden sollte. Die revolutionären Syndikalisten teilten mit den anderen radikalen Bewegungen vieles: die Begeisterung für das moderne Leben, den Stolz auf alles Italienische, den Heldenkult, die Präferenz für Mythen als Instrumente der Mobilisierung, die Verherrlichung von Gewalt, von Revolutionen und auch von Kriegen als notwendige Mittel, um den „neuen Italiener" möglichst rasch kreieren zu können.

Der Mythos der Wiedergeburt wurde für viele junge Italiener zugleich zu einem revolutionären Mythos, der sich gegen das bestehende politische System zum Einsatz bringen ließ. Der Eintritt in den Ersten Weltkrieg sollte für diese Interventionisten eine entscheidende Etappe auf dem Weg zur Erneuerung Italiens sein – eine Erneuerung durch Bewährung im Krieg. In der gemeinsamen Agitation für Italiens Kriegseintritt flossen die beiden Mythen, der Mythos der Revolution und der Mythos der Nation, zusammen. Der Interventionismus war gewissermaßen die Geburtsstunde dieser Fusion, die viele revolutionäre Sozialisten – darunter auch Mussolini – und Syndikalisten bewog, zum Nationalismus zu konvertieren. Daraus resultierte ein neuer, revolutionärer Nationalismus, der sich von Krieg und Revolution eine nationale Wiedergeburt erwartete, die nicht nur das politische, wirtschaftliche und soziale System runderneuern, sondern auch die Kultur, die Mentalität und den Charakter der Italiener revitalisieren sollte. Mussolini, auch er ein entschiedener Interventionist, war überzeugt, dass der Krieg die Nation regenerieren und einen neuen Italiener formen würde, dessen Ziel und Bestimmung ein größeres Vaterland war[13].

Der Mythos der nationalen Wiedergeburt ging aus dem Ersten Weltkrieg nicht nur gestärkt und erneuert hervor. Er wurde durch neue Mythen angereichert, die gleichsam im Krieg geboren worden waren: die Kameradschaft der Schützengräben, die Sakralisierung derer, die für das Vaterland gefallen waren, und die apokalyptische Deutung des Krieges selbst als palin-

---

[12] Zum revolutionären Syndikalismus vgl. allgemein Gian Biagio Furiozzi, Dal socialismo al fascismo. Studi sul sindicalismo rivoluzionario italiano, Neapel 1998.
[13] Vgl. Richard J.B. Bosworth, Mussolini, London/New York 2002, S. 100–122.

genetische Katastrophe und damit als Ausgangspunkt einer Wiedergeburt. Der Krieg, betonte der Philosoph Giovanni Gentile 1919, sei „für die innere Erneuerung Italiens" geführt worden und habe „die Ablösung von jenem alten Italien" eingeleitet, das unter den europäischen Völkern sprichwörtlich geworden war. Der Italiener wurde verspottet, sei es „wegen seines feigen Wesens, seines Individualismus" und „seines geringen Staatsbewusstseins", oder sei es wegen „seiner Tendenz, sich im engen Kreis seines privaten Egoismus' oder im Universum der Kunst und intellektuellen Spekulation abzuschließen". Im Krieg sei ein neues Italien geboren worden, das freilich den Kampf fortsetzen müsse, weil die Erneuerung der Nation noch nicht abgeschlossen sei. „Der alte Mensch ist nicht fort, er bedroht uns, er verführt uns und er verlegt uns den Weg. Wir müssen ihn bekämpfen und vernichten. Der Kampf ist hart, weil dieser Mensch ein großer Teil von uns ist."[14]

Alle Veteranenbewegungen, die nach dem Krieg entstanden sind – etwa die Frontsoldaten, die Elitetruppen, die Fiume-Aktivisten und auch der Faschismus –, hatten eines gemeinsam: die Überzeugung, Ausdruck des neuen Italien zu sein, das in den Schützengräben geboren worden war und den Auftrag hatte, die Führungsschichten ebenso zu erneuern wie die gesamte Nation. Die Faschisten zumal betrachteten sich als die Aristokratie der Frontkämpfer, im Krieg gleichsam wiedergeboren und zur Erneuerung berufen, die die Pflicht hatten, die inneren Feinde der Nation zu bekämpfen und die Macht zu übernehmen, um Italien zu neuer Macht und Größe zu führen[15]. An der Wiege des faschistischen „neuen Menschen" stand also der Frontsoldat des Ersten Weltkriegs, der aus dem Krieg mit der Überzeugung zurückkehrte, dass seine Mission im Dienste der Nation nicht beendet sei. Der Frontkämpfer, der Faschist und Milizionär geworden war, war der Prototyp der neuen Elite, die die Macht erobern und das alte Establishment beiseite schieben sollte.

Im Milizionär fand der faschistische Mythos vom neuen Italien seine erste Ausprägung. Er war ein Gläubiger und ein Kämpfer für die Religion des Vaterlands, dem Faschismus total ergeben, ein Ausbund männlicher, ziviler und militärischer Tugenden, jung, mutig, kühn, voller Leben, Kraft und Enthusiasmus, mit gesunden Instinkten und Gefühlen, jederzeit gewaltbereit, weil er nicht angekränkelt war von Sentimentalität, humanitären Gesinnungen und Toleranz. Der Milizionär verkörperte den Mythos der Jugend und

---

[14] Giovanni Gentile, Dopo la vittoria. Nuovi frammenti politici, Rom 1920, S. 61 f.
[15] Zur Rolle der Kriegsheimkehrer und Frontsoldaten vgl. Sven Reichardt, Faschistische Kampfbünde. Gewalt und Gemeinschaft im italienischen Squadrismus und in der deutschen SA, Köln u. a. 2., durchgesehene und ergänzte Aufl. 2009, S. 303 ff. und S. 366–374.

der Vitalität des Faschismus. Er war damit das genaue Gegenteil der Senilität und Feigheit des liberalen und demokratischen Bürgers, der verachtet wurde, weil man ihn für unentschlossen, ängstlich, duldsam, scheinheilig, ohne Glauben und ohne Dynamik und für unfähig zu Kampf und Aktion hielt. Die Faschisten erlebten ihren blutigen Kampf gegen den Sozialismus und die Organisationen der Arbeiterbewegung als Kreuzzug für die Befreiung der Nation von ihren inneren Feinden und für die nationale Wiedergeburt. Sie betrachteten ihre politischen Gegner als menschliche Wesen, die anthropologisch inkompatibel waren mit dem neuen Italien, wie es aus dem Krieg hervorgegangen war[16].

Diese Einschätzung des politischen Gegners, wie sie im Squadrismus herrschte, blieb eine zentrale Komponente des faschistischen Mythos von der Wiedergeburt der Italiener. Sie bildete das negative Gegenbild und hatte nicht nur entschieden ideologische, sondern auch anthropologische und rassistische Dimensionen. Faschisten und Antifaschisten, so der futuristische Schriftsteller Mario Carli 1928, das seien „zwei Rassen mit zwei gegensätzlichen Mentalitäten, die unvereinbar sind"[17].

Die Gleichsetzung von Faschismus und *Italianità* wurde zum Eckpfeiler des faschistischen Konzepts der Nation. Sie bekräftigte die Verschiedenheit und anthropologische Überlegenheit des Faschisten im Vergleich zum Antifaschisten und blieb das Fundament des Mythos vom „neuen Menschen" in allen seinen späteren Varianten. 1942 versicherte die faschistische Jugendorganisation, dass nun eine „faschistische Rasse" existiere; sie sei der „rassengemäße Ausdruck des italischen Geistes, der Idee der römischen Kraft und des Italienertums" – und zwar der Ausdruck, der am tiefsten in Geschichte und Tradition verwurzelt sei, während der Antifaschismus die „Anti-Rasse" repräsentiere, die sich – hinterhältig und gefährlich, wie sie sei – auch bei den Italienern einnisten könne, die sich Faschisten nennen würden, aber noch nicht gänzlich aufgewacht und erneuert seien[18].

3. Mussolini und der „neue Italiener"

Die Wiedergeburt der Italiener war eines der wichtigsten politischen Ziele Mussolinis. Sie bildete die grundlegende Voraussetzung für den Erfolg des Faschismus und für Mussolinis persönliche Ambitionen von Macht und

---

[16] Vgl. hierzu Emilio Gentile, Storia del partito fascista, 1919–1922. Movimento e milizia, Rom/Bari 1989, S. 522–526.
[17] Mario Carli, Colloqui coi vivi, Rom 1928, S. 37f.
[18] Nuova civiltà per la nuova Europa, Rom 1942, S. 142ff.

96   Emilio Gentile

Größe. „Wir werden", betonte er am 30. Oktober 1926 – kurz nach dem vierten Jahrestag des „Marsches auf Rom" – in Reggio Emilia,

„einen neuen Italiener schaffen, der dem von gestern nicht einmal ähnelt. [...] Dann werden die Generationen folgen, die wir heute erziehen und nach unserem Bild und Ebenbild formen: die Legionen der Balilla und der Avangardisti."[19]

Mussolini hatte entscheidenden Anteil an der Schaffung des Mythos vom „neuen Italiener". Er interessierte sich brennend für die „physische Gesundheit der Rasse", für eugenische Fragen und für die Stärkung des Bevölkerungswachstums. „Man muss also ernsthaft über das Schicksal der Rasse wachen, man muss die Rasse pflegen und damit schon bei der Mutterschaft und im Kindesalter beginnen", erklärte Mussolini am 26. Mai 1927[20]. In seinen Augen hingen Macht und Größe der Nation, ja das Schicksal der neuen Zivilisation, die der Faschismus schaffen wollte, von der numerischen Stärke und physischen Gesundheit der Italiener ab. So schrieb er 1928 in seinem Vorwort für ein Buch des völkischen Statistikers und Nationalökonomen Richard Korherr:

„Eine Nation lebt nicht nur durch ihre Geschichte oder ihr Territorium, sondern durch ihre Menschenmassen, die sich von Generation zu Generation fortpflanzen. Geschieht das nicht, dann heißen die Alternativen Sklaverei oder Untergang."[21]

Mussolini orientierte sich hier an Gustave Le Bon, dessen Schriften er studiert hatte und den er bewunderte[22]. Von ihm stammte die Idee, eine Rasse zeichne sich durch den Besitz einer gemeinsamen „Seele" aus[23], die sich im Laufe der Geschichte um einen festen Kern von Prinzipien, Ideen und Werten als Fundament der Zivilisation ausformt. Mussolini glaubte an die Möglichkeit, die italienische Rasse durch Politik verändern und nach oben bringen zu

---

[19] Opera Omnia di Benito Mussolini, hrsg. von Edoardo Susmel und Duilio Susmel, Bd. XXII: 5 novembre 1925 – 26 maggio 1927, Florenz 1957, S. 245 f.
[20] Mussolinis Rede vor dem Abgeordnetenhaus am 26.5.1927 ist abgedruckt in: Opera Omnia, Bd. XXII, S. 360–390, hier S. 363 f.
[21] Mussolinis Vorwort zu Richard Korherr, Regresso delle nascite. Morte dei popoli, Rom 1928, ist abgedruckt in: Opera Omnia di Benito Mussolini, hrsg. von Edoardo Susmel und Duilio Susmel, Bd. XXIII: 27 maggio 1927 – 11 febbraio 1929, Florenz 1957, S. 209–216, hier S. 216.
[22] Zu Gustave Le Bons Einfluss auf Benito Mussolini vgl. Emilio Gentile, Le origini dell'ideologia fascista 1918–1925. Nuova Edizione, Bologna 2001, S. 476 ff., und Emilio Gentile, Il culto del littorio: la sacralizzazione della politica nell'Italia fascista, Rom/Bari 1993, S. 146.
[23] Die Gesamtheit der „sittliche[n] und geistige[n] Sondereigenschaften" bilde das, was „man die Seele einer Rasse nennen kann"; Gustave Le Bon, Psychologische Grundgesetze in der Völkerentwicklung, Leipzig 1922, S. 7.

können. „Nur eine Revolution und ein energischer Führer können eine Rasse verbessern", sagte er 1932,

> „auch wenn diese mehr Empfindung als Wirklichkeit ist. Aber ich wiederhole: Eine Rasse kann man verändern und verfeinern. Ich sage, dass man nicht nur körperliche Eigenschaften, wie die Größe, sondern sogar den Charakter verändern kann. Beeinflussung oder moralischer Druck sind auch in biologischer Hinsicht entscheidend."[24]

Auch wenn der Faschismus den Rassismus erst nach der Eroberung Abessiniens 1936 in den Kanon seiner wichtigsten ideologischen Prinzipien aufnahm, ist klar, dass der Faktor Rasse dem Mythos des „neuen Italieners" inhärent war und eine zentrale Bedeutung hatte – sowohl in ideologischer Hinsicht, um die anthropologische Überlegenheit des faschistischen Menschen zu begründen, als auch in physischer Hinsicht, um die Notwendigkeit von eugenischen und bevölkerungspolitischen Maßnahmen betonen, mit denen sich der italienische Volksstamm verbessern und stärken ließ. Um dieses Projekt realisieren zu können, hielt es der *Duce* vor allem für nötig, die Italiener von jenen Defekten zu befreien, die sich in den Jahrhunderten der politischen Unterdrückung und der moralischen Dekadenz wie eine Schale um ihren Volkscharakter gelegt hätten. So erklärte er am 27. Oktober 1930 vor hohen Würdenträgern der faschistischen Partei:

> „Wir müssen die Kruste um den Charakter und die Mentalität der Italiener aufbrechen und die Kruste zermahlen, die sich in den schrecklichen Jahrhunderten des politischen, militärischen und moralischen Verfalls gebildet hat – von 1600 bis zum Aufstieg Napoleons. Das kostet ungeheure Mühe. Das Risorgimento war nicht mehr als ein Anfang, weil es von zu kleinen Minderheiten getragen wurde; der Weltkrieg hingegen hat das Erziehungswerk nachhaltig beschleunigt. Man muss dieses Werk zur Wiederherstellung der italienischen Wesensart fortsetzen – Tag für Tag."[25]

Dies waren die Voraussetzungen für das Experiment einer anthropologischen Revolution, das Mussolini nach seiner Machtübernahme ins Werk setzte, um durch die Organisationen des Regimes eine neue italienische Nation hervorzubringen – eine Nation, die in Körper und Geist ganz nach den Prinzipien, Werten, Mythen und Zielsetzungen des Faschismus modelliert werden sollte.

---

[24] Zit. nach Nino D'Aroma, Mussolini segreto, Bologna 1958, S. 48.
[25] Opera Omnia di Benito Mussolini, hrsg. von Edoardo Susmel und Duilio Susmel, Bd. XXIV: 12 febbraio 1929 – 23 marzo 1931, Florenz 1958, S. 278–285, hier S. 283.

4. Der „neue Mensch" – ein totalitäres Gesellschaftsprojekt im Praxistest

Die „Wiederherstellung der italienischen Wesensart" war eine Gemeinschaftsaufgabe von Partei, Staat, Kultur und Bildungswesen sowie von allen faschistischen Organisationen von den Gewerkschaften bis zur Freizeitorganisation *Opera nazionale dopolavoro*. Das Regime, so ist in einem offiziellen Schulungstext der faschistischen Partei zu lesen, „greift in entscheidender Art und Weise in das Leben der Nation ein", es mobilisiert und erzieht alle Bürger ohne Unterlass. Der faschistische Staat

„verfolgt und kontrolliert ihren Werdegang, schon vor ihrer Geburt und bevor sie recht Gestalt gewinnen, er lässt sie nie los – und vermittelt ihnen dabei eine Disziplin, ein Bewusstsein und einen Willen, die nicht – wie gesagt wurde – eindimensional sind, sondern gemeinschaftsorientiert und im starkem Maße auf ein Ziel konzentriert"[26].

Die anthropologische Revolution bezog sich auf alle wesentlichen Aspekte des Lebens, seien sie nun individuell, kollektiv, öffentlich oder privat, und mündete schließlich in ein permanentes Experiment, das – trotz aller Widersprüche und hybriden Überspanntheiten – ein klares Ziel hatte, das es durch ebenso durchdachte wie vielfältige Aktionen zu erreichen galt: die grundlegende und radikale Transformation der Überzeugungen, der Mentalitäten und des Verhaltens der Italiener, mit einem Wort: ihres Volkscharakters, ihrer Sitten und Gebräuche.

Seit Mitte der 1920er Jahre stand das Projekt des „neuen Italieners" im Mittelpunkt einer intensiven Debatte, die bis zum Sturz des Regines 1943 ständig weitere Kreise zog. Die Schaffung des „neuen Italieners" entwickelte sich zum beherrschenden Motiv der Volkspädagogik und der Gesellschaftspolitik des Faschismus, die sich an den Prinzipien, Werten und Zielen orientierten, wie sie sich aus dem totalitären Anspruch der faschistischen Politik ergaben. In diesem Sinne könnte man das Konzept, das dem Regime als Fundament der anthropologischen Revolution diente, in dem Satz zusammenfassen: „Der Staat schafft die Nation".

Am Experiment einer anthropologischen Revolution waren prominente Vertreter der Medizin, der Demographie, der Anthropologie und der Sozialwissenschaften beteiligt – viele von ihnen mit Begeisterung. In ihren Augen war der faschistische Mythos der Wiedergeburt nicht nur eine Sache der Politik, des Geistes und der Kultur; sie übersetzten diesen Mythos vielmehr in praxisbezogene Begriffe aus der Biologie und der Physiologie. Bereits

---

[26] Il cittadino soldato, hrsg. vom Partito Nazionale Fascista, Rom 1936, S. 23.

vor dem Erlass der Rassengesetze von 1938 waren sie damit beschäftigt, eine faschistische Rassenkonzeption zu erarbeiten. Ihr Beitrag bestand in Forschungen zur Eugenik und zum „Schutze des Volksstamms", die schon Jahrzehnte vor der Machtübernahme der Faschisten entstanden waren, vom faschistischen Regime aber sofort aufgegriffen und insbesondere auf entschiedenes Drängen von Mussolini in die Praxis umgesetzt wurden[27]. Diese Mediziner und Sozialwissenschaftler teilten die Überzeugung der Faschisten, es sei Aufgabe, Pflicht und Mission des Staates, Maßnahmen zum Schutz und zur Regeneration des italienischen Volksstamms zu ergreifen – sozialpolitische Maßnahmen, die sich auf die Verhütung von Krankheiten und auf die ständige ganzheitliche körperliche Ertüchtigung der Bevölkerung bezogen. Beginnen wollte man dabei bereits in der Kindheit, und ins Werk setzen sollten diese Maßnahmen die Massenorganisationen des Regimes und die faschistische Partei.

Als das faschistische Königreich 1938 auch offiziell zu einem rassistischen Staat mutierte, waren Mediziner, Anthropologen und Bevölkerungswissenschaftler bereits seit einem Jahrzehnt eifrig dabei, eine neue „politische Medizin" und eine neue Biopolitik zu etablieren – sie zählten mithin zu den Protagonisten des Experiments einer anthropologischen Revolution totalitären Zuschnitts mit dem Ziel, einen neuen Mann und eine neue Frau für die zukünftige faschistische Zivilisation zu schaffen[28]. Die Instrumente dafür waren – neben der Entwicklung einer faschistischen Eugenik – die Kampagne zur Steigerung des Bevölkerungswachstums und die strafrechtliche Verfolgung von „Verbrechen gegen Reinheit und Gesundheit des Volksstamms", die 1931 vom neuen Strafgesetzbuch definiert wurden. Dazu gehörten etwa Abtreibung, Kindesmissbrauch und Homosexualität.

Der Homosexuelle war für den Faschismus der erklärte Feind des „neuen Mannes" und der „neuen Frau", wobei ersterer die kraftstrotzende Männlichkeit verkörperte, während die Letztere für Fruchtbarkeit und Kinderreichtum stand[29]. Einfacher und politischer ausgedrückt: Das Modell des „neuen Italieners" glich dem Idealtypus des Bürgersoldaten, der das oberste Gebot der

---

[27] Zu diesem Themenkomplex liegen inzwischen zahlreiche Studien vor; vgl. etwa Anna Treves, Le nascite e la politica nell'Italia del Novecento, Mailand 2001; Claudia Matovani, Rigenerare la società. L'eugenetica in Italia dalle origini ottocentesche agli anni Trenta, Soveria Mannelli 2004.
[28] Als Überblick vgl. Roberto Maiocchi, Scienza italiana e razzismo fascista, Scandicci 1999.
[29] Vgl. Lorenzo Benadusi, The enemy of the new man. Homosexuality in fascist Italy, Madison 2012.

faschistischen Religion internalisiert hatte: „Glauben, gehorchen, kämpfen". In der faschistischen Vision vom „neuen Italiener" bestand zwischen dem „Bürger" und dem „Soldaten" eine unauflösliche Verbindung; sie waren von Anfang an zwei Seiten derselben Medaille. Die jungen Menschen, denen dies gleichsam im Blut lag, sollten zu einem Volk heranwachsen, „das eine ‚kriegerische Gemeinschaft' bildete". Diese Gemeinschaft sollte mit „einheitlichen Methoden und mit einer einzigen Zielsetzung" formiert werden und entsprechend handeln. Weiter hieß es in einem offiziellen Schulungstext der faschistischen Partei: „Aus dieser umfassenden Erziehung, die der Bürger von klein an durchläuft, geht folgerichtig ein Soldat hervor, der sich seiner Mission bewusst ist, Vaterland und Regime zu schützen und ihren Ruhm zu mehren."[30]

Die Rolle des „großen Erziehers" übernahmen vor allem die faschistische Partei und ihre großen Jugendorganisationen. Die wichtigste war die *Opera Nazionale Balilla* (ONB), die schon kleine Kinder erfasste und vom Regime selbst als „das größte die Menschen betreffende Experimentierfeld" bezeichnet wurde, das es jemals gegeben habe. Die ONB war ein Laboratorium, in dem die „neuen Italiener" im Zeichen des faschistischen Staatskults erzogen wurden. Das war es aber nicht allein: Die gesamte Politik des faschistischen Regimes in all ihren Aspekten – von der Erziehung bis zur organisatorischen Erfassung, vom Arbeitsleben bis zur Freizeitgestaltung – stand ganz im Zeichen einer totalitären Pädagogik, die bereits greifen sollte, wenn ein Neugeborenes das Licht der Welt erblickte. Es war nur konsequent, dass das faschistische Regime die Indoktrinierung der Massen und der jungen Generation in den Dienst dieser Konzeption stellte. Die Bedeutung, die dem Experiment zukam, die Intensität, mit der seine Umsetzung betrieben wurde, und die Wirkung auf die Italiener beeindruckten auch ausländische Beobachter, die nicht im Verdacht stehen, sie hätten sich von der faschistischen Propaganda blenden lassen. So kommentierte etwa der britische Botschafter in Rom am 31. März 1933 die ersten „Ergebnisse der totalitären Erziehung" folgendermaßen:

„Das ganze Leben der italienischen Nation ist heute und war im letzten Jahrzehnt in eine Richtung orientiert: Das Volk ist in einem Maße diszipliniert worden, wie es in der modernen Welt selten geschehen ist, und diese Disziplinierung ist im Großen und Ganzen gerne akzeptiert worden: Vom achten Lebensjahr an ist eine ungeheure Zahl von Italienern beiderlei Geschlechts einer intensiven Erziehung unterworfen, die den Nationalcharakter bereits geprägt und in mancher Hinsicht sogar verändert hat; von allen Schichten sind Opfer verlangt und erbracht worden. Im Endeffekt sind die Italiener heute stolz darauf, Italiener zu sein, während man das vor zehn Jahren kaum sagen konnte. Das Werk der Regeneration vollzieht sich mit einer Geschwindigkeit, die

---

[30] Cittadino soldato, S. 12 ff.; das folgende Zitat findet sich ebenda, S. 31.

sich jedes Jahr erhöht, und in zehn, 15 oder 20 Jahren – wer will das sagen? – können die Regierenden dieses Landes mit Fug und Recht annehmen, dass es abgeschlossen ist."[31]

Die Implementierung des Modells des „neuen Italieners" orientierte sich weitgehend am totalitären Anspruch der faschistischen Politik, die nicht nur die Grundidee, sondern auch die wesentlichen Züge lieferte, die allen Versionen des faschistischen Mythos vom „neuen Menschen" gemeinsam waren. Auch die bekannteste Version, die den Prototyp des römischen Legionärs zum Vorbild hatte, darf nicht so verstanden werden, als wäre es dabei um eine bloße Nachbildung gegangen. Auch sie zielte auf etwas Neues – auf einen „neuen Italiener", der nach modernen, nicht traditionellen Konzepten modelliert werden sollte[32]. Das faschistische Regime nutzte den Archetypus des Römers aus dem Altertum vor allem nach der Eroberung des Imperiums 1936 als Mythos, dem es nachzueifern galt und der für Propagandazwecke herhalten musste. Aber weder Mussolini, noch die anderen Protagonisten der anthropologischen Revolution dachten daran, mit dem „neuen Italiener" den Römer der Antike wieder aufleben zu lassen. Sie wollten die *Römer der Moderne* schaffen, eine Rasse neuer Menschen, die in der Lage waren, in ihrer modernen Welt eine imperiale Zivilisation auf der Basis eines totalitären Staates ins Leben zu rufen, wie es die Römer in ihrer antiken Welt getan hatten.

Ende Juni 1925, auf dem vierten und letzten Kongress der faschistischen Partei, kam Mussolini auch auf das Projekt einer anthropologischen Revolution zu sprechen:

„Wir machen all das für das Leben fruchtbar, was niemals in den engen Grenzen der Politik bleiben darf. Wir werden beharrlich und zäh auswählen und so neue Generationen heranziehen – neue Generationen, in denen jeder eine genau definierte Aufgabe hat. Manchmal liebäugle ich mit dem Gedanken an Generationen aus dem Labor, sprich eine Kaste von Kriegern zu schaffen, die immer bereit ist zu sterben; eine Kaste von Erfindern, die den Geheimnissen der Welt nachspürt; eine Kaste von Richtern; eine Kaste großer Industriekapitäne, großer Entdecker und großer Statthalter. Es ist diese methodische Selektion, durch die man bedeutende Berufsstände schafft, die ihrerseits das Imperium schaffen werden. Dieser Traum ist anmaßend, aber ich sehe, wie er Stück für Stück Realität wird."[33]

Der Ehrgeiz des Faschismus, einen „neuen Menschen" zu schaffen, beschränkte sich nicht nur auf Italien; die Ansprüche gingen viel weiter. Gewiss, anfangs drehte sich fast alles um die Frage, wie man zu einer Erneuerung der eigenen

---

[31] TNA, FO 371/16799.
[32] Vgl. Gentile, Culto del littorio, S. 129 ff.
[33] Mussolinis Rede vom 22. 6. 1922 ist abgedruckt in: Opera Omnia di Benito Mussolini, hrsg. von Edoardo Susmel und Duilio Susmel, Bd. XXI: 14 giugno 1924 – 4 novembre 1925, Florenz 1956, S. 357–364, hier S. 363.

Landsleute kommen könnte. Später aber, und vor allem nach der Weltwirtschaftskrise von 1929, präsentierte sich der Faschismus so, als sei er in der Lage, die Krise der westlichen Zivilisation zu bewältigen – eine Krise, die man als Krise des modernen Menschen verstand. Der neue faschistische Italiener wurde damit zum Prototyp des „neuen Menschen", der die zivilisierten Völker des Westens vor der Gefahr der Dekadenz retten sollte. Dieser Verfall resultierte in der Vorstellung der Faschisten aus den abartigen Begleiterscheinungen einer fehlgeleiteten Moderne und hatte vor allem zwei Wurzeln: den kommunistischen Materialismus und den individualistischen Hedonismus der westlichen Demokratie.

Die Faschisten nahmen die Herausforderung der Moderne an und wandten sich ganz der Zukunft zu. Sie entwickelten dabei einen geradezu enthusiastischen Willen zur Macht, der sich durch die Gestaltung der Zukunft und des modernen Lebens beweisen wollte. Die Faschisten hatten nicht die Absicht, Hüter einer ererbten Tradition zu sein, so glänzend sie auch sein mochte. Sie wollten eine eigene Tradition stiften, die von einer *neuen Zivilisation* zeugte und sich fortentwickeln würde, während sie mit ihrer Fähigkeit zur permanenten Erneuerung die Zeit herausforderte. Die Epoche des Faschismus werde erst an dem Tag richtig beginnen, „an dem er das ganze Volk geformt haben wird", betonte 1928 ein junger Intellektueller, der später stellvertretender Generalsekretär der Partei wurde[34].

Als das Regime in der zweiten Hälfte der 1930er Jahre eine neue, gegen das Bürgertum gerichtete Kampagne startete, erhielt der Mythos vom „neuen Menschen" eine starke populistische und antikapitalistische Note. Gleichzeitig wurden rassistische und antisemitische Gesetze erlassen, die den Willen des Regimes unterstrichen, die anthropologische Revolution voranzutreiben. Dies alles wurde von den jüngeren Faschisten und besonders von den faschistischen Gewerkschaften als eine Beschleunigung des totalitären Experiments verstanden. Fluchtpunkt war nach ihrer Deutung eine soziale Revolution, in welcher der Korporativismus und die Schaffung des „neuen Italieners" ihre volle Ausprägung erreichen sollten; der „neue Italiener" – das war in ihren Augen vor allem der Arbeiter[35], der zu den drei miteinander verbundenen Dimensionen des faschistischen Menschen als Bürger, Soldat und Produzent gehörte.

Für die Faschisten hatte mit der Institutionalisierung des Rassismus die entscheidende Etappe auf dem Weg zur Erneuerung der Nation begonnen. Sie

---

[34] Salvatore Gatto, 1925. Polemiche del pensiero e dell'azione fascista, Rom 1934, S. 62.
[35] Vgl. hierzu Giuseppe Parlato, La sinistra fascista. Storia di un progetto mancato, Bologna 2000.

gingen mit unnachgiebiger Härte gegen jene Landsleute vor, die angeblich noch den alten Italiener in sich hatten und deshalb – nolens volens – potenzielle Antifaschisten waren, selbst wenn sie sich zum Faschismus bekannten. Rassismus und Antisemitismus galten nicht nur als integraler Bestandteil der anthropologischen Revolution, sondern auch der sozialen Revolution, die zur Verwirklichung des Korporativismus führen sollte. Wer das Problem der Rasse nicht erkannt habe oder Sympathien für Juden zeige, meinte mit Luigi Fontanelli einer der wichtigsten Exponenten der faschistischen Gewerkschaften, gehöre zu denen, die „keinen Sinn für den kollektiven Geist hatten, den eine höhere Zivilisation erforderte, und die nicht an den Korporativismus glaubten"[36]. Alles zusammengenommen könnte man also den Idealtypus des faschistischen Menschen so definieren: ein im Kollektiv organisierter Mensch, der durch totalitäre Erziehung dazu gedrillt wurde, die eigene Person ganz selbstverständlich und spontan mit der großen formierten Masse zu identifizieren, die im Staat aufging.

Der Ursprungsfaschismus hatte die Massen verachtet. Der totalitäre Faschismus hingegen feierte die organisierte Masse. Er sah darin den Protagonisten des modernen Lebens und die grundlegende Kraft des totalitären Staates. Nach der Epoche einer „betont individualistischen Zivilisation", so wie sie in der „Zeit des Kapitalismus und des Klassenkampfs" bestanden habe, schrieb 1940 ein bedeutender Ideologe des Faschismus, „zieht eine Ära herauf, die von großem Gemeinschaftssinn durchdrungen und geleitet wird, eine Zivilisation der Masse. Hier zeigt sich der historische Charakter und der bewegende Geist des 20. Jahrhunderts."[37] In diesem Sinne sollte der „neue Mensch" des Faschismus den modernen bürgerlichen Menschen in seiner individualistischen und liberalen Ausprägung überwinden; er sollte ein moderner Mensch sein, befreit vom individualistischen Konzept des Lebens und beseelt von Gemeinschaftssinn. Die moderne Gesellschaft brachte einen „neuen Typus von Individuum hervor, das den anderen nicht mehr nur im erbarmungslosen Kampf ums Leben begegnete, sondern bewusster und solidarischer Teil einer Gruppe oder einer Nation war". Die Massengesellschaft und die darauf bezogene Politik gehörten deshalb für den Faschismus zum modernen Leben, das durch eine erfolgreiche anthropologische Revolution Teil des totalitären Staates werden sollte. Der „neue Mensch" der totalitären Moderne sollte den Individualismus privater Interessen und den Antagonismus von

---

[36] Luigi Fontanelli, Sentimento della rivoluzione, Rom 1941, S. 81 ff.
[37] Augusto De Marsanich, Civiltà di masse, Florenz 1940, S. 12; das folgende Zitat findet sich ebenda, S. 37 f.

Individuum und Masse hinter sich lassen. Er sollte ein *totaler Mensch* sein, der seinen eigentlichen Lebenssinn zurückgewann, indem er sich ganz in die organisierten Massen des totalitären Staates integrierte, die sich in ein durch den Glauben und ein gemeinsames Schicksal verbundenes Kollektiv verwandelten.

5. Hybris und Scheitern

Die Erneuerung der Italiener war für Mussolini eine regelrechte Obsession, die ihn bis zum Zusammenbruch seines Regimes nicht losließ. Die anthropologische Revolution war für ihn eine persönliche Herausforderung, eine Art Wettkampf zwischen ihm und den Italienern aus Fleisch und Blut, für die er im Allgemeinen wenig übrig hatte. Giuseppe Bottai bemerkte in einem Tagebucheintrag vom April 1940:

„Sein Gegenspieler ist dieses Volk, dessen Geschichte er revidieren möchte, um sie auf seine Weise umzugestalten. Die Kirche hat das Volk verweichlicht und entmännlicht, sie hat ihm die Lust genommen, wirklich zu herrschen, sie hat es entwaffnet."[38]

Gegenüber den Italienern fühlte sich der *Duce* wie ein Künstler, der seinen Rohstoff bearbeitet und daraus Meisterwerke schafft. Dies entsprach ganz seinem Verständnis von Politik als Kunst, die Massen zu formen[39].

Ein großer Teil der Politik des Regimes, die sich auf die Volksmassen richtete, also die totalitäre Pädagogik, die Propaganda, das Erziehungsmonopol für die neuen Generationen, die fast schon obsessive Vorliebe für weitverzweigte Organisationen, die alle Italiener erfassen sollten, dann die Riten, Aufmärsche, Symbole, das ganze Auftreten und schließlich der Rassismus, der Antisemitismus, die Umwandlung der Mentalität, die Kampagne gegen das Bürgertum – all das war von Mussolini geplant und wurde von ihm in Werk gesetzt, um die Italiener gleichsam umzuformatieren. Dies belegt etwa eine Aufzeichnung von Galeazzo Ciano, der am 7. Februar 1940 in seinem Tagebuch über ein Gespräch mit Mussolini notierte:

„Er wiederholt, dass es ein Segen für das italienische Volk ist, zu Prüfungen gezwungen zu werden, die es aus ihrer ewigen geistigen Faulheit aufrütteln. Er ist über das Volk verbittert. ,Man muss es von früh bis spät disziplinieren und in Uniform stecken. Und es braucht Prügel, Prügel und nochmals Prügel.'"[40]

[38] Giuseppe Bottai. Diario 1935–1944, hrsg. von Giordano Bruno Guerri, Mailand 2001, S. 187 (Eintrag vom 15.4.1940).
[39] Vgl. dazu Gentile, Origini dell'ideologia fascista, S. 63 und S. 202f., und Simonetta Falasca-Zamponi, Fascist spectacle. The aesthetics of power in Mussolini's Italy, Berkeley u. a. 1997, S. 15ff.
[40] Galeazzo Ciano. Diario 1937–1943, hrsg. von Renzo De Felice, Mailand ⁷2000, S. 394 (Eintrag vom 7.2.1940).

Im Zweiten Weltkrieg verschärfte sich der Antagonismus zwischen Volk und *Duce*. Mussolinis Unzufriedenheit wuchs, wobei sein unbefriedigter persönlicher Ehrgeiz wiederholt mit dem Gefühl nationaler Leidenschaft rivalisierte. Er war enttäuscht, dass es ihm immer noch nicht gelungen war, den „neuen Italiener" zu schaffen, wie er ihn sich vorstellte. Auch der Eintritt Italiens in den Zweiten Weltkrieg war Teil der anthropologischen Revolution, die darauf zielte, ein Volk von Kriegern und Herrschern zu schmieden. Mussolini erlebe „diesen Krieg in einem Zustand metaphysischer Exaltiertheit, als ob es sein Ziel sei, die Italiener – durch Mühen und Opfer – härter zu machen", vertraute Außenminister Ciano Anfang Juli 1940 Giuseppe Bottai an[41].

Schon in den ersten Kriegsmonaten beobachteten seine Mitarbeiter bei Mussolini einen „wachsenden inneren Schmerz, die Enttäuschung über den ‚Charakter' der Italiener". Man könne nicht „mit einem Schlag, nicht einmal durch eine Revolution, Jahrhunderte der politischen Sklaverei überwinden", erklärte er Bottai. Und Ciano kolportierte Mussolinis Feststellung: „Ein Volk, das 16 Jahrhunderte Amboss gewesen ist, kann nicht in wenigen Jahren zum Hammer werden."[42]

1942/43 war nicht mehr zu übersehen, dass das Experiment der anthropologischen Revolution gescheitert war. Der „neue Mensch" hatte nie das Licht der Welt erblickt; kleinere Ansätze dazu, die es gegeben haben mag, erstickten im Dickicht der Institutionen des *Stato totalitario*, ehe sie unter den Trümmern des faschistischen Regimes endgültig begraben wurden. Dass das totalitäre Experiment fehlgeschlagen war, gab sein Erfinder und wichtigster Protagonist selbst bekannt. Seinem Charakter entsprechend machte Mussolini allein seine Landsleute dafür verantwortlich. Die Italiener seien nicht willens gewesen, sich erneuern zu lassen und die Römer der Moderne zu werden – eine neue Rasse von Eroberern, Herrschern und Baumeistern einer neuen Zivilisation. Und als sich Niederlage an Niederlage reihte, verschärfte Mussolini seine Vorwürfe an die Italiener. Er wütete wie ein Künstler, der sich für groß und genial hielt und der jetzt das Material, das er bearbeitete, für seinen Misserfolg verantwortlich machte: „Mir fehlt der richtige Stoff. Auch Michelangelo brauchte Marmor, um seine Statuen zu schaffen. Wenn er nur Ton gehabt hätte, wäre er nur Töpfer gewesen."

Die anthropologische Revolution war gescheitert und mit ihr der Faschismus. Aber Mussolini suchte die Gründe dafür nur in der schlechten

---

[41] Bottai, Diario, S. 210 (Eintrag vom 4.7.1940); das folgende Zitat findet sich ebenda, S. 242 (Eintrag vom 1.1.1941).
[42] Ciano, Diario, S. 445 (Eintrag vom 21.6.1940); das folgende Zitat findet sich ebenda.

Qualität des Materials, das ihm zur Verfügung stand, um den „neuen Menschen" des 20. Jahrhunderts zu schaffen: „Niemand, so hoffe ich, wird meine Passion für dieses Italien bestreiten oder den Versuch machen, sie klein zu reden", erklärte der *Duce* wenige Tage vor seinem Sturz am 25. Juli 1943.

„Dieses Italien habe ich geformt, vieles in der Phantasie, aber viel mehr in der Wirklichkeit. Ich beginne, etwas Neues in mir zu spüren, was mich beunruhigt. Das, was ich immer klarer und schmerzlicher erkenne, und was meine ganze innere Traurigkeit erklärt, ist folgendes: Ich kann nicht umhin, einen schroffen Unterschied zwischen Italien und den Italienern festzustellen. Die Italiener beweisen gerade, dass sie Italiens wenig würdig sind oder wenigstens meines Italiens."[43]

Die Frage nach dem Mythos des „neuen Menschen" ist nach wie vor offen. Ich glaube, es ist unter den Historikern mittlerweile unstritten, dass der Faschismus nicht monolithisch und homogen war, sondern dass er voller Gegensätze und Widersprüche steckte – dass es aber dennoch in seinem Wesen und in seiner Geschichte ein gewisses Maß an Kohärenz und Konsistenz gab. Das gilt in meinen Augen auch für den Mythos vom „neuen Menschen", für den es kein einziges und endgültiges Modell gab. Dieser Mythos wandelte sich, es gab verschiedene Ausprägungen, die nicht zufällig entstanden. Sie ergaben sich je nachdem, wie der Mythos selbst sowie die Methoden und Perspektiven definiert wurden, um die anthropologische Revolution ins Werk zu setzen. Der Variantenreichtum resultierte also nicht aus der Inkohärenz des Projekts, sondern aus der Verschiedenartigkeit der Situationen, in denen der Mythos erdacht wurde, und aus der Vielzahl der Versionen, die ihm all jene gaben, die aufgrund ihrer institutionellen und ideologischen Position an der Umsetzung der anthropologischen Revolution mitwirkten. Man muss diesen verschiedenen „Gesichtern" des faschistischen „neuen Menschen" auf den Grund gehen, wenn man die Mentalität und Kultur der Faschisten verstehen will, auch wenn dabei scheinbar absurde und lächerliche Dinge ans Licht kommen, die der Vitalität des Regimes schadeten. Die anthropologische Revolution war ein Fehlschlag, aber das Experiment wurde wirklich begonnen – und betraf zwei Jahrzehnte lang Millionen Italiener beiderlei Geschlechts und aller Generationen direkt.

Aus dem Italienischen übersetzt von Thomas Schlemmer und Hans Woller.

---

[43] Ottavio Dinale, Quarant'anni di colloqui con Lui, Mailand 1953, S. 181.

Maurizio Bach
Mussolini und Hitler als charismatische Führer
Was kann Max Webers Modell der charismatischen Herrschaft zur Erklärung der Dynamik faschistischer Bewegungen beitragen?

1. Diktatur und Charisma

Das 20. Jahrhundert hat zahlreiche Diktaturen hervorgebracht. Doch keineswegs alle können als charismatische Regime im engeren Sinne bezeichnet werden, und zwar selbst dann nicht, wenn ihr Machtzentrum durch herausragende Führerpersönlichkeiten wie Getúlio Vargas, António De Oliveira Salazar, Francisco Franco oder Józef Piłsudski geprägt war[1]. In der vergleichenden Forschung zu autoritären und totalitären Herrschaftssystemen besteht jedoch weitgehend Übereinstimmung darüber, dass die faschistischen Regime Benito Mussolinis und Adolf Hitlers, trotz beträchtlicher Unterschiede, dem Typus der charismatischen Herrschaft am nächsten kommen. Im Folgenden soll deshalb der Frage nachgegangen werden, welchen spezifischen Beitrag Max Webers Idealtypus der charismatischen Herrschaft – hier verstanden als soziologisches Erklärungsmodell – für die vergleichende Analyse des Faschismus zu leisten vermag[2]. Dabei ist freilich davon auszugehen, dass weder der italienische Faschismus noch die Führerdiktatur Hitlers als Ganze und durchgängig als charismatisch bezeichnet werden können. Das zeigen schon die historischen Fakten, die es nahelegen, in beiden Fällen von einer Mischstruktur von bürokratisch-legaler und charismatischer Herrschaft auszugehen[3].

Es ist grundsätzlich nicht sinnvoll zu fragen, ob eine Herrschaft charismatisch ist oder nicht. Vielmehr erscheint es ergiebiger, „dem Grad und der

---
[1] Vgl. Juan J. Linz, Totalitäre und autoritäre Regime, Berlin 2003.
[2] Es existieren zwei Versionen: Für die ältere vgl. Max Weber, Wirtschaft und Gesellschaft. Die Wirtschaft und die gesellschaftlichen Ordnungen und Mächte. Nachlass, Teilbd. 4: Herrschaft, hrsg. von Edith Hanke in Zusammenarbeit mit Thomas Kroll, Tübingen 2005, S. 454–563 (Max Weber Gesamtausgabe, Abt. I, Bd. 22-4); für die jüngere Version vgl. Max Weber, Wirtschaft und Gesellschaft. Grundriss der verstehenden Soziologie, Tübingen ⁵1976, 140–148.
[3] Vgl. Arthur Schweitzer, The Age of Charisma, Chicago 1984; Maurizio Bach/Stefan Breuer, Faschismus als Bewegung und Regime. Italien und Deutschland im Vergleich,

Richtung ihrer Charismatisierung" nachzugehen[4]. Idealtypen sind weder Abbilder der Wirklichkeit noch Gattungsbegriffe; sie entsprechen theoretischen Konstruktionen, welche die Forschung anleiten, die analytischen Perspektiven schärfen und damit die historische Empirie vorstrukturieren sollen[5]. Max Webers Methode zielt auf empirische Analyse, wobei kontrastierend zum abstrakten und kontrafaktisch konzipierten Idealtypus historische Realtypen klassifiziert und beschrieben werden sollen. Idealtypen beinhalten aber immer auch generalisierte Aussagen über die Ablaufmuster spezifischer Handlungskonstellationen und ermöglichen damit kausale Erklärungen. Sie haben somit nicht nur einen typologischen oder taxonomischen, sondern auch einen nomologischen Gehalt. Damit tragen Idealtypen wesentlich zur soziologischen Erklärung im Sinne einer „kausalen Rekonstruktion" der jeweiligen sozialen Prozesse und Wirkungsmechanismen bei[6].

2. Charismatische Herrschaft – ein Erklärungsmodell

Wie alle Idealtypen fasst auch das Konzept der „charismatischen Herrschaft" charakteristische und unter bestimmten Rahmenbedingungen wiederkehrende Handlungs- und Verlaufsmuster zusammen, die auf die kausale Wirkung des Charismas einer Person zurückzuführen sind. Charisma ist nach Weber „eine als außeralltäglich geltende Qualität einer Persönlichkeit, [...]

Wiesbaden 2010; Ludolf Herbst, Hitlers Charisma. Die Erfindung eines deutschen Messias, Frankfurt a. M. 2010.
[4] M. Rainer Lepsius, Das Modell der charismatischen Herrschaft und seine Anwendbarkeit auf den „Führerstaat" Adolf Hitlers, in: ders. (Hrsg.), Demokratie in Deutschland, Göttingen 1993, S. 95–118, hier S. 98.
[5] Genauer gesagt, handelt es sich um ein strukturiertes und zugleich strukturierendes Vorwissen, denn in die Idealtypen fließen immer bereits empirische Erkenntnisse ein, ohne die keine gehaltvollen Aussagen formuliert werden können. Zum Idealtypus als methodologischem Konstrukt (vor allem in der Anwendung auf historische Forschung) vgl. Günter Dux, Gegenstand und Methode. Am Beispiel der Wissenschaftslehre Max Webers, in: ders./Thomas Luckmann (Hrsg.), Sachlichkeit. Festschrift zum 80. Geburtstag von Helmuth Plessner, Opladen 1974, S. 187–221; Gerhard Wagner/Heinz Zipprian, Methodologie und Ontologie: Zum Problem kausaler Erklärung bei Max Weber, in: ZfS 14 (1985), S. 115–130.
[6] Vgl. dazu Renate Mayntz, Sozialwissenschaftliches Erklären. Probleme der Theoriebildung und Methodologie, Frankfurt a. M./New York 2009. Dabei ist zu berücksichtigen, dass die gesellschaftliche Wirklichkeit immer *sinnhaft* strukturiert und wesentlich von zwischenmenschlichen Interaktionen bestimmt wird. Der soziologische Kausalitätsbegriff unterscheidet sich daher grundlegend von dem der Naturwissenschaften. Er hat eine hermeneutische Dimension und fokussiert primär „Wechselwirkungen".

um derentwillen sie als [...] Führer gewertet wird"[7]. Charismatische Herrschaft entsteht somit aus dem Glauben an besondere, aus dem Rahmen des Üblichen und Alltäglichen fallende Kräfte und Fähigkeiten eines Menschen. Die historisch-soziologische Erklärungskraft des Modells kommt jedoch erst dann voll zur Geltung, wenn folgende interdependente Struktureigenschaften berücksichtigt werden:

1. Charismatische Herrschaft resultiert aus einer sozialen Beziehung zwischen einem Führer, dem außeralltägliche Qualitäten nachgesagt werden, und den Charisma-Gläubigen. Der Charisma-Träger muss einen Anspruch auf oberste Autorität erheben, damit sich ein Autoritätsverhältnis bilden kann. Der Gefolgsmann unterwirft sich in bedingungslosem, als Pflicht betrachtetem Gehorsam dem personalen Führungsanspruch des Charisma-Trägers, weil er an dessen „übernatürliche oder übermenschliche [...], nicht jedermann zugängliche Kräfte oder Eigenschaften" glaubt. Nach Weber kommt es allein darauf an, wie die Führerpersönlichkeit „tatsächlich von den charismatisch Beherrschten [...] bewertet wird". Hoffnungen, die sich auf einen charismatischen Führer richten, treten typischerweise dann auf, wenn die gesellschaftliche Ordnung brüchig geworden ist, die herrschenden Institutionen das Vertrauen verloren haben und die Menschen nach Orientierung suchen. Mit anderen Worten: Charisma ist kein individuelles, sondern ein gesellschaftliches Phänomen, das auf die Interaktionsdynamik zwischen einem Charisma-Prätendenten und den Charisma-Gläubigen zurückzuführen ist. Entscheidend sind die Zuschreibung von außeralltäglichen Qualitäten auf eine Person und die damit verbundenen Erwartungen der betreffenden Gemeinschaft.

2. Das typische Handlungsfeld der charismatischen Herrschaft ist die Gemeinschaft der Charisma-Gläubigen. Was sie zusammenhält, ist eine meist starke emotionale Bindung an die Führerfigur. Charismatische „Vergemeinschaftungen" sind durch eine eigentümliche Dualität von strikter Über- und Unterordnung sowie „fluider und loser Organisation" charakterisiert[8]. Darin unterscheiden sie sich von formalen Organisationen. Die gruppeninterne Hierarchie bildet sich spontan und wird wesentlich durch das persönliche Nahverhältnis zum Charisma-Träger bestimmt. Soweit weitere Funktionsträger wie Statthalter, Kommissare, Emissäre, Sekretäre, Schergen oder Adjutanten – von Weber pauschal „Verwaltungsstäbe" genannt – zur Ausübung der Herrschaft erforderlich sind, was bei politischen Bewegungen, Parteien

---

[7] Weber, Wirtschaft und Gesellschaft, S. 140; die folgenden Zitate finden sich ebenda.
[8] Lepsius, Modell der charismatischen Herrschaft, S. 96.

und Staaten der Fall ist, wählt der Charisma-Träger diese aus dem Kreis seiner Jünger und Vertrauensleute. Aus dem engeren Anhängerkreis bildet sich informell eine Führungsclique. In dieser Elite bleiben die Machtverhältnisse und Führungsfunktionen eigentümlich ungeregelt und prekär, was die gruppeninterne Konfliktanfälligkeit erhöht. Der charismatischen Herrschaft wohnt deshalb ein anarchisches Moment inne, das auch selbstzerstörerische Züge annehmen kann.

3. Das Charisma entflammt und packt die Menschen, es wirkt aber nur flüchtig. Das Feuer des Glaubens erlischt, wenn die Erwartungen der Jünger enttäuscht werden. Mit der für ihn unverzichtbaren Zustimmung und Anerkennung kann der charismatische Führer nur solange rechnen, wie er sich in den Augen der Jünger und Anhänger bewährt, mithin wenn er echte oder vermeintliche Erfolge erzielt. Bewährung ist für den Charismatiker eine existenzielle Notwendigkeit. Dabei gilt es, der Staats-, Parteien- und Gesellschaftskrise, die den Führer hervorgebracht hat, einen neuen, zukunftweisenden Sinn zu verleihen, sie zu kanalisieren oder zu überwinden – tatsächlich oder nur scheinbar. Ferner muss die Gruppenkohäsion gefestigt bleiben sowie eine spürbare Verbesserung der materiellen und sozialen Situation der Gefolgsleute erreicht werden. Zur Bewährung gehört aber auch die Erfüllung der mit der Mission verbundenen chiliastischen Visionen. In dem Maße, wie die Aura des Charismatikers durch Massenmedien manipulierbar geworden ist, unterliegt freilich auch die Wahrnehmung seiner Bewährung propagandistischer Lenkung[9]. Zu all dem benötigt der charismatisch Begnadete insbesondere Macht, also die Fähigkeit, „den eigenen Willen auch gegen Widerstreben durchzusetzen" und „für einen Befehl Fügsamkeit zu finden"[10]. Der entscheidende Maßstab der Bewährung ist deshalb stets die persönliche Machtbildung sowie der Machterhalt.

4. Institutionalisierte gesellschaftliche Ordnungen – staatliche Behörden, Kirchen oder Vereine – sind von abstrakten Regeln und Verfahren, mithin von „formaler Rationalität" geprägt. Das absorbiert Konflikte und erhöht die Stabilität der Institutionen und damit ihre Berechenbarkeit. Im Zuge der Institutionalisierung und Verrechtlichung von Kirche und Staat erfährt die Bindung an fundamentale Glaubensinhalte und Werte häufig eine Lockerung und Deformation. Das „Charisma" der Gründungszeit

---

[9] Vgl. Walter Benjamin, Das Kunstwerk im Zeitalter seiner technischen Reproduzierbarkeit, in: ders., Iluminationen. Ausgewählte Schriften, Bd. 1, Frankfurt a. M. 1977, S. 136–169.
[10] Weber, Wirtschaft und Gesellschaft, S. 28 f.

degeneriert zum „Cäsaropapismus", zur „Hierokratie" der katholischen Kirche oder wird in bürokratische Strukturen überführt[11]. Dagegen treten aber immer wieder in der Geschichte Bewegungen auf, die im Namen vermeintlich ursprünglicher, echter und wahrer Werte oder Glaubensinhalte den hohlen Ritualismus, die Korruption und die Entfremdung des Menschen anprangern und damit den herrschenden Institutionen ihre Legitimationsbasis entziehen. Besonders aus solchen Situationen des gesellschaftlichen Umbruchs und der Krise beziehen charismatische Bewegungen ihre Mission und ihre anti-institutionelle Dynamik. Die daraus resultierende Transformationskraft des genuinen Charismas, die gesinnungsethisch an materiellen Werten orientiert ist und als Glaube „von innen heraus" wirkt, zählt nach Weber zur wichtigsten „‚schöpferische[n]' revolutionären Macht der Geschichte". Das Charisma „sprengt [...] in seinen höchsten Erscheinungsformen Regel und Tradition überhaupt und stülpt alle Heiligkeitsbegriffe geradezu um". Das verleiht der charismatischen Herrschaft ihre einzigartige Sprengkraft. Doch sie wirkt nur als Geburtshelferin des historisch Neuen. Schon bald nach ihrem Entstehen, spätestens aber wenn es um die Nachfolgeregelung geht, unterliegt sie selbst einer inneren Transformationsdynamik, denn der charismatischen Herrschaft wohnt eine Tendenz zur „Veralltäglichung" inne[12]. Ausgehend von den Interessen der Verwaltungsstäbe an einer Verstetigung ihrer Machtstellung und an gesicherter Versorgung, die die charismatische Gemeinschaft aufgrund der für sie typischen Wirtschaftsfremdheit nicht dauerhaft sicherzustellen vermag, gerät sie bald wieder in den Sog alltäglicher, insbesondere ökonomischer Strukturzwänge.

Max Weber hat also mit dem Idealtypus des Charismas einen multidimensionalen Prozessbegriff entwickelt, der auf hermeneutisch-analytischen sowie kausal-erklärenden Hypothesen über die spezifische Art der Entwicklung, Aufrechterhaltung, Verlaufsform sowie Umbildung einer charismatischen Herrschaft beruht. Der Idealtypus eröffnet dann empirisch gehaltvolle Erkenntnismöglichkeiten, wenn sein Erklärungspotenzial systematisch genutzt wird. Die analytische Leistungsfähigkeit eines solchen Verfahrens soll im Folgenden anhand einiger exemplarischer Grundzüge für die Frühphase der faschistischen Bewegungen in Italien und Deutschland gezeigt werden.

---

[11] Weber, Herrschaft, S. 585 (MWG I/22-4); das folgende Zitat findet sich ebenda, S. 482.
[12] Das betont besonders Wolfgang Schluchter, Umbildung des Charismas: Überlegungen zur Herrschaftssoziologie, in: ders., Religion und Lebensführung, Bd. 2: Studien zu Max Webers Religions- und Herrschaftssoziologie, Frankfurt a. M. 1988, S. 535–550.

3. Charisma als Ressource faschistischer Machtbildung: Benito Mussolini

Am rasanten Aufstieg des Faschismus in Italien und in Deutschland hatte die soziale Dynamik der charismatischen Herrschaftsstruktur, die Benito Mussolini und Adolf Hitler zunächst in ihrem Parteiumfeld – dem *Partito Nazionale Fascista* (PNF) und der DAP/NSDAP – errichteten, einen wesentlichen Anteil. Neben der beziehungsweise in Wechselwirkung mit der Ohnmacht der traditionellen Regierungseliten, der Hingabe- und Glaubensbereitschaft der Massen, der Eskalation der politischen Gewalt und dem Einsatz moderner Propagandatechniken war personales Charisma eine der wichtigsten Ressourcen der beiden prototypischen faschistischen Bewegungen.

Benito Mussolini konnte sich früh als unumstrittener Führer der 1919 gegründeten faschistischen Bewegung behaupten[13]. Bereits auf dem ersten Parteikongress 1921 wurde er als Duce angesprochen. Der Duce-Mythos, eine Mischung aus Genie-, Heroen- und Erlöserkult, ließ Mussolini zu einem Diktator werden, der zeitweise breiten Konsens in der Bevölkerung fand. Er konnte auf seine persönliche Aura bauen, die bis in die letzten Tage seiner Herrschaft den quasireligiösen *culto del littorio* beherrschte[14]. In den innerparteilichen Auseinandersetzungen, die von Machtkämpfen mit den rivalisierenden „Fürsten" des Provinzfaschismus, von Konflikten um die Rolle der paramilitärischen Kräfte des *squadrismo* und von der Konkurrenz um die wahre faschistische Deutungs- und Ritualhoheit zwischen D'Annunzio und Mussolini bestimmt waren, triumphierte der *Duce* 1921/22 als souveräner Taktiker und innerparteilicher Konfliktmediator. Er unterwarf den unberechenbaren *squadrismo* seiner Kontrolle und bemächtigte sich damit des „paramilitärischen Drohpotentials"[15], das ihm vor allem im Kampf mit den alten Eliten wertvolle Dienste leistete. Die Entstehung und Entwicklung des Faschismus war somit „untrennbar mit der historischen Figur Benito Mussolinis verbunden". Mussolini war der oberste Führer des Faschismus, er

---

[13] Zur Frühgeschichte des italienischen Faschismus vgl. Renzo De Felice, Mussolini il rivoluzionario, 1883–1920, Turin 1965; Renzo De Felice, Mussolini il fascista. La conquista del potere, 1921–1925, Turin 1966; Emilio Gentile, Storia del partito fascista, 1919–1922. Movimento e milizia, Rom/Bari 1989; Wolfgang Schieder, Faschistische Diktaturen. Studien zu Italien und Deutschland, Göttingen 2008; Hans Woller, Mussolini (in Vorbereitung).
[14] Vgl. Emilio Gentile, Il culto del littorio: la sacralizzazione della politica nell'Italia fascista, Rom/Bari 1993.
[15] Wolfgang Schieder, Der italienische Faschismus 1919–1945, München 2010, S. 29; das folgende Zitat findet sich ebenda, S. 17.

gab die ideologische und programmatische Richtung der Partei vor und vermochte sich als zentrale Identifikations- und Integrationsfigur der äußerst heterogenen Bewegung durchzusetzen. Er war die „wichtigste Klammer", die dieses instabile Gebilde des Faschismus zusammenhielt[16].

Wenn nach Max Weber zum Kern des charismatischen Prozesses gehört, dass eine mit außeralltäglichen Kräften und Eigenschaften begabte oder für begabt gehaltene Führerpersönlichkeit Herrschaftsfunktionen übernimmt, ihre Machtprätentionen mithin auch tatsächlich Anerkennung und Gefolgschaft finden, dann lässt sich der skizzierte Aufstieg des rebellischen Außenseiters Mussolini in wesentlichen Aspekten auf die zunehmende Charismatisierung seiner Person zurückführen. Das wird besonders deutlich, wenn man die Gefolgschaftsbeziehungen und deren Emotionalisierung berücksichtigt. Nachdem Mussolini die Führung des PNF übernommen hatte und die faschistische Bewegung Aufschwung bekam, bildete er den Mittelpunkt einer neuen „Gefühls- und Glaubensgemeinschaft"[17], die ihn in seinem ideologischen Führungs- und personalen Machtanspruch bestätigte und bestärkte. Nur wenigen Granden der Bewegung gelang es, sich seiner einnehmenden Persönlichkeit zu entziehen. Um den *Duce* bildete sich ein loyaler Gefolgschaftskreis: Dino Grandi, Italo Balbo, Cesare Forni, Alberto Chiurco unterwarfen sich ihm wie zahlreiche weitere Führer und Unterführer der aus versprengten Kriegsveteranen, Syndikalisten, demobilisierten Offizieren und Unteroffizieren sowie aus Künstlern und Journalisten hervorgegangenen faschistischen Bewegung. Auch in der breiteren Bevölkerung gewannen Mussolini und seine Faschisten – nach anfänglichen Rückschlägen und Enttäuschungen – an Rückhalt, wie die Wahlerfolge 1921 und namentlich 1924 sowie die rasante Zunahme der Zahl der Parteimitglieder belegen: Ende 1922 waren es 300.000, 1923 780.000 und 1927 bereits über eine Million.

Für das Entstehen einer charismatischen Herrschaft genügt ein umfassender Machtanspruch einer Führerpersönlichkeit nicht, es bedarf vor allem der Anerkennung dieses Anspruchs durch die Beherrschten. Nach Max Webers Herrschaftssoziologie ist dies der entscheidende Faktor, weil durch die Ergebenheit und Verehrung des Gefolges nicht nur die Herrschaft legitimiert wird, sondern sich auch eine Gemeinde von Charisma-Gläubigen bildet. Die freiwillige Selbstunterwerfung der Gefolgsleute und Anhänger ist es,

---

[16] Hans Woller, Rom, 28. Oktober 1922. Die faschistische Herausforderung, München 1999, S. 34.
[17] Woller, Mussolini, Kap. 3; die folgenden Zahlen finden sich bei Woller, Faschistische Herausforderung, S. 43.

die charismatische Herrschaft am Leben erhält – dies allerdings nur solange, wie sich der Führer bewährt und der kollektive Glaube an seine besonderen Gaben bestätigt wird. Erst unter dieser Voraussetzung zündet das Charisma auch in breiteren Kreisen und entwickelt sich zu einer eigenständigen Quelle für Machtbildung.

Mussolini machte anfangs mehrere erfolglose Versuche, seinen persönlichen Führungsanspruch in der faschistischen Bewegung durchzusetzen. Erst als er Chefredakteur des *Popolo d'Italia*, Vorsitzender des PNF und schließlich 1921 Vorsitzender der PNF-Fraktion im Abgeordnetenhaus geworden war, begann er sich als charismatischer Führer auch im nationalen Rahmen zu bewähren. Er profilierte sich erfolgreich als Chefideologe des Faschismus, er entschied die innerparteilichen Flügelkämpfe zu seinen Gunsten, er setzte sich als Speerspitze einer nationalen Erneuerungsbewegung in Szene und schlug schließlich dank seiner demagogischen Fähigkeiten auch die Massen in seinen Bann. Die zunehmende Anerkennung als „Erlöser" und „genialer Führer", die der *Duce* in der faschistischen Bewegung und dann auch bei den traditionellen Eliten fand, setzte eine sich selbstverstärkende Dynamik der Charismatisierung frei, die es ihm im Oktober 1922 schließlich ermöglichte, die Machtfrage im Staat für sich zu entscheiden.

Das Bekenntnis zur Gewalt und die Exzesse nackter Brutalität auf der Straße spielten dabei eine wichtige Rolle[18]. Für den paramilitärischen Arm des Faschismus bedeutete Gewalt „Lebensstil und -praxis". Sie bildete eine „Form von emotionaler Vergemeinschaftung, die die Kameraderie befestigt[e]" und das „Charisma des Kriegshelden" manifestierte[19]. Die Straßenschlachten zwischen den faschistischen Kampfbünden und ihren Feinden, allen voran den Sozialisten, heizten zudem den Ausnahmezustand permanent neu an. Das ließ den Ruf nach dem „starken Mann", der Ruhe und Ordnung schaffen sollte, lauter werden und schuf eine „latente charismatische Situation"[20]. Lange Zeit ließ Mussolini die Milizen gewähren und nutzte die Destabilisierung der politischen Verhältnisse, um sich als Galionsfigur der Kräfte der Ordnung hervorzutun[21]. Er präsentierte sich als der einzige, der

---

[18] Vgl. Sven Reichardt, Faschistische Kampfbünde. Gewalt und Gemeinschaft im italienischen Squadrismus und in der deutschen SA, Köln u. a. 2., durchgesehene und ergänzte Aufl. 2009.
[19] Stefan Breuer, Das faschistische Minimum. Bausteine zu einem Idealtyp des Faschismus, in: Bach/Breuer, Faschismus, S. 17–80, hier S. 28.
[20] Zur begrifflichen Unterscheidung von „latenter" und „manifester charismatischer Situation" vgl. Lepsius, Modell der charismatischen Herrschaft, S. 100ff.
[21] Vgl. Woller, Mussolini, Kap. 3; das folgende Zitat findet sich ebenda.

in der Lage sei, die Milizen zu bändigen und den Bürgerkrieg zu beenden, „den er im Hintergrund selbst schürte und verschärfte". Gleichzeitig wuchs sein Image als Revolutionär neuen Typs, der die als korrupt angesehenen demokratisch-liberalen Eliten hinwegfegen, einen politischen Systemwechsel herbeiführen, die nationale Befreiung und Erneuerung vollenden und schließlich einen anthropologischen Menschentyp *sui generis*, den *uomo nuovo*, schaffen würde. Die Gewaltorgien auf der Straße stärkten Mussolinis revolutionäres Charisma, gleichzeitig verhalf ihm die wachsende Bewunderung als Führer dazu, die Kontrolle über den militärischen Flügel der Bewegung zu behalten. Damit konnte er selbst den Kurs bestimmen: Fortsetzung des Bürgerkriegs oder Pazifizierung. Die Milizen waren zweifellos Mussolinis wichtigster Trumpf; seine Führerstellung verdankte er aber wesentlich der Anerkennung durch seine Gefolgsleute und Anhänger, seiner Fähigkeit inner- und außerhalb der Partei einen Anhang zu mobilisieren. Seine Führeraura wuchs in dem Maße, in dem er sich als gewaltbereiter Revolutionär und zugleich als verhandlungsbereiter Krisenmanager präsentierte.

Diese Doppelstrategie führte schließlich am 28. Oktober 1922 zum Erfolg, als Mussolini mit dem legendären „Marsch auf Rom" die Staatsmacht herausforderte und von König Vittorio Emanuele III. zum Ministerpräsidenten ernannt wurde. Was immer der „Marsch auf Rom" gewesen sein mag – eine Farce oder ein blutiger Putsch, eine Revolution oder nur ein Elitenaustausch –, er symbolisierte den entscheidenden Moment der Bewährung des *Duce* als Charisma-Träger. Mit Umsturzdrohung zwang er in der Krise des Herbstes 1922 die Regierung Luigi Facta zur Kapitulation und füllte – ohne dass vor Rom ein Schuss gefallen wäre – das durch die Handlungsunfähigkeit der traditionellen Eliten entstandene Machtvakuum. Wenn sich schließlich der 28. Oktober zu einer historischen Zäsur verdichtete, dann war für die Zeitgenossen der *Duce* zugleich ihr Regisseur und Protagonist. Die Faschisten sahen sich in ihren großen Erwartungen, die sie mit ihm verbanden, bestätigt. Aber Mussolinis Charisma strahlte nun auch auf große Teile der italienischen Gesellschaft aus, und viele national-konservativ und selbst liberal gesinnte Intellektuelle wie Giovanni Gentile, Vilfredo Pareto oder Delio Cantimori setzten große Hoffnungen in den Neuanfang.

In wenigen Jahren gelang es Mussolini, eine neuartige politische Regimeform zu begründen, die ganz auf ihn als Führer und seine Machtinteressen zugeschnitten war. Es bildete sich eine ihm zutiefst ergebene Jüngerschaft, die an seine national-revolutionäre Mission und außeralltäglichen Fähigkeiten glaubte. Gleichzeitig präsentierte sich die faschistische Bewegung als revolutionäre Kraft, die sich auch der Gewalt für ihre politischen Zwecke zu bedienen wusste. Mussolini konnte zudem mit dem wachsenden Konsens in der Bevölkerung rechnen. Seine Führerkarriere basierte freilich auch auf strukturellen Voraussetzungen wie etwa der gesellschaftlichen Krise, der Schwäche der herrschenden Eliten, dem Faktionalismus in der faschistischen Bewegung und Partei oder dem Führungsbedarf bei den Milizen, die unabhängig von seiner Person waren. Doch ohne das Charisma als irrationale Ressource und Triebfeder wäre Mussolini nicht zum *Duce* des Faschismus und Italiens aufgestiegen.

4. Adolf Hitlers Aufstieg als charismatischer Führer

Der Aufstieg Adolf Hitlers ist unter herrschaftssoziologischem Blickwinkel mit dem Mussolinis durchaus vergleichbar; die Charismatisierung von Hitlers politischem Wirken weist zahlreiche Analogien dazu auf. In mancher Hinsicht aber spielt für den Nationalsozialismus das charismatische Strukturprinzip sogar eine noch ausgeprägtere Rolle[22]. Im Unterschied zum *Duce*, der vor dem Ersten Weltkrieg im *Partito Socialista Italiano* bereits Führungspositionen innehatte, konnte Hitler auf kein nennenswertes soziales oder kulturelles Kapital zurückgreifen. Hitler, der ausgemusterte und stellenlose Gefreite, ein Namenloser, wie er sich selbst bezeichnete[23], betrat 1919/20 in München überraschend die politische Bühne. Wer immer sein demagogisches Talent und sein ausgeprägtes Sendungsbewusstsein entdeckt oder gefördert haben mag, die Reichswehr, die Führungsriege der kleinen DAP oder die Zuhörerschaft in den Münchner Bierkellern – Hitler selbst ergriff

---

[22] Zu Adolf Hitler liegen deutlich mehr Analysen vor, die auf einer Anwendung von Max Webers Charisma-Modell basieren, als zu Mussolini: Joseph Nyomarkay, Charisma and Factionalism in the Nazi Party, Minnesota 1967; M. Rainer Lepsius, From Fragmented Party Democracy to Government by Emergency Decree and National Socialist Takeover: Germany, in: Juan J. Linz/Alfred Stepan (Hrsg.), The Breakdown of Democratic Regimes. Europe, Baltimore/London 1978, S. 34–79; Luciano Cavallli, Carisma e tirannide nel secolo XX. Il caso Hitler, Bologna 1982; Dirk van Laak, Adolf Hitler, in: Frank Möller (Hrsg.), Charismatische Führer der deutschen Nation, München 2004, S. 149–170; Hans-Ulrich Wehler, Der Nationalsozialismus: Bewegung, Führerherrschaft, Verbrechen 1919–1945, München 2009; MacGregor Knox, Mussolini and Hitler: Charisma, regime, and national catastrophe, in: Vivian Ibrahim/Margit Wunsch (Hrsg.), Political Leadership, Nations and Charisma, Abington 2012, S. 98–112. Zum deutsch-italienischen Vergleich vgl. Maurizio Bach, Die charismatischen Führerdiktaturen. Drittes Reich und italienischer Faschismus im Vergleich ihrer Herrschaftsstrukturen, Baden-Baden 1990.
[23] Vgl. Herbst, Hitlers Charisma, S. 97, sowie auch Ian Kershaw, Hitler 1889–1936, Stuttgart 1998, S. 175.

sogleich jede sich bietende Gelegenheit, um durch seine nahezu hypnotische Wirkung auf das Publikum seine persönliche Machtbasis in der NSADAP zu erweitern und zu festigen. Er setzte alles auf diese eine Karte. Unermüdlich sprach er auf immer mehr Versammlungen, die kontinuierlich wachsenden Zulauf erhielten, was als Zeichen für die Anerkennung seines Führeranspruchs und als Zustimmung zu seinen weltanschaulichen, insbesondere antisemitischen Positionen gewertet werden konnte. Er wurde zum wichtigsten Werberedner der NSDAP, was ihn für die Partei zunehmend unentbehrlich werden ließ.

Sein „Charisma der Rede" nutzte er als Ressource für innerparteiliche Machtakkumulation. Im Juli 1921 forderte er den Parteivorsitz mit diktatorischer Machtbefugnis und ideologisch-programmatischem Führungsmonopol für sich und gewann die Machtprobe gegen Rivalen, allen voran Otto Dickel. Das ermöglichte es Hitler wiederum, die Partei noch stärker nach seinen Vorstellungen zu formen. Er gewann auch die Kontrolle über den „Völkischen Beobachter" ebenso wie über die SA und erweiterte damit sein Propagandafeld erheblich. Noch bestehende Strukturen kollektiver Meinungs- und Entscheidungsfindung setzte er außer Kraft. Gremien verloren ihre Bedeutung, jede Form innerparteilicher Demokratie wurde unterbunden. Nach seiner Haftentlassung Ende 1924 fügte er sich nicht mehr in die gegebenen Verhältnisse, sondern gründete die NSDAP als charismatische Führerpartei neu und verpflichtete seine Gefolgschaft zu unbedingter persönlicher Loyalität. Die Ausrichtung der Parteiarbeit auf Propaganda, Mitgliederwerbung und die spätere „Dynamik nicht abreißender Wahlkämpfe"[24] trugen wesentlich zur Konsolidierung von Hitlers Führerherrschaft bei. Die wachsenden Anhängermassen bestätigten seine charismatischen Fähigkeiten und dehnten seine persönlichen Handlungsspielräume weiter aus, nicht zuletzt durch finanzielle Zuwendungen von Bewunderern und Mäzenen.

Unterdessen nahm die Idolisierung seiner Person zu, um die sich ein neuartiger Personenkult entwickelte. Der kollektive Glaube an seine überragenden Führerqualitäten war die wichtigste und in der Frühphase wohl einzige Ressource, auf die Hitler in der Partei bei seiner „ersten Machtergreifung" im Juli 1921 zurückgreifen konnte. Hitler konnte vor dem Griff nach der Staatsmacht am 30. Januar 1933 in seiner Partei noch drei Mal erfolgreich die oberste und unumschränkte Macht für sich beanspruchen: 1923, als er sich zum Helden des Münchner Putsches stilisierte, auf dem Bamber-

---

[24] Hans Mommsen, Zur Geschichte Deutschlands im 20. Jahrhundert. Demokratie, Diktatur, Widerstand, München 2010, S. 108.

ger Gauleitertreffen 1926, als er die nationalsozialistische Linke des nordwestdeutschen Parteiflügels seiner Linie unterwarf, und schließlich 1932 in der Strasser-Krise, als Hitler kompromisslos die Reichskanzlerschaft forderte[25]. Die Machtprobe mit seinem schärfsten innerparteilichen Rivalen, Ernst Röhm, konnte er 1934 bereits auf der Grundlage seiner unumschränkten Führerstellung für sich entscheiden.

Nach dem Vorbild Mussolinis entwickelte sich auch um Hitler ein neuartiger Führerkult, der sich gezielt technische Innovationen etwa auf dem Gebiet der Lautsprecher, der Fotografie, des Radios und des Films zu Nutze machte[26]. Der „Führer-Mythos" war Ausdruck und Quelle der Charismatisierung Hitlers; er manifestierte die Ambivalenz von genuinem Personalcharisma und künstlich erzeugtem, inszeniertem Charisma, von narzisstischem Selbstbild und kollektiven Erwartungen und Projektionen, in deren Spannungsverhältnis sich die Führerpersönlichkeit Hitlers entfaltete. Entscheidend ist aber, dass Hitler sich in den Augen seiner Anhänger und Gefolgsleute fortwährend bewährte: als überragender Agitator der Bewegung, der für einen stetigen Zulauf bei den Parteiversammlungen sorgte, vor allem aber indem er seine machtpolitische Durchsetzungsfähigkeit in der jungen NSDAP eindrucksvoll unter Beweis stellte, Rivalen verdrängte und erfolgreich einen absoluten Führungsanspruch durchsetzte. Wie sich nach dem Putsch vom November 1923 und während seiner Haft zeigte, war die Partei ohne Hitler orientierungslos und der Auflösung nahe. In wenigen Jahren war Hitler zur unersetzlichen Identifikations- und Integrationsfigur der NS-Bewegung geworden. Seine Erfolge stellten seine außerordentlichen Fähigkeiten praktisch unter Beweis und ließen sie noch ausgeprägter hervortreten, was eine spektakuläre Aufstiegsspirale in Gang setzte.

Parallel dazu formierte sich um Hitler ein ganz auf ihn fixiertes Gefolgschaftskollektiv. Der innerste Zirkel der Nationalsozialisten, der mit wenigen Ausnahmen (Gregor Strasser, Ernst Röhm, Rudolf Hess) trotz bestehender Spannungen und Rivalitäten[27] bis in die letzten Kriegstage konstant blieb, kristallisierte sich größtenteils bereits in der Münchner Zeit heraus[28]. An bürgerlichen Maßstäben gemessen, waren es überwiegend sozial deklassierte

---

[25] Vgl. Lepsius, Fragmented Party Democracy, S. 62f.
[26] Vgl. Rudolf Herz, Hoffmann und Hitler. Fotografie als Medium des Führer-Mythos, Berlin 1996.
[27] Vgl. Karl-Günter Zelle, Hitlers zweifelnde Elite. Goebbels, Göring, Himmler, Speer, Paderborn u. a. 2010.
[28] Vgl. Anthony Read, The Devil's Disciples: The Life and Times of Hitler's Inner Circle, London 2004.

Abenteurernaturen, die zu den wichtigsten Weggefährten des Führers gehörten. Ernst Röhm, ein Desperado mit eigenen charismatischen Machtambitionen, baute die SA zu einer paramilitärischen Terrororganisation aus, Herrmann Göring warb in den gehobenen und wohlhabenden Gesellschaftskreisen um Unterstützung, Joseph Goebbels organisierte mit schäumendem Eifer von Berlin aus die Propagandamaschine. Gemeinsam bildeten sie den Kern von Hitlers Clique. Sie wirkten in unterschiedlichen Rollen an den politischen Erfolgen des „Führers" wesentlich mit. Die zunehmende Attraktivität Hitlers bestärkte seine Paladine in ihrem Glauben an ihn und band sie immer stärker in die Gefolgschafts- und Kampfgemeinschaft der nationalsozialistischen Elite ein.

Wenn charismatische Herrschaft eine Art von Gehorsam ohne Zwang bedeutet, also freiwillige Unterwerfung, die für die Beherrschten zur Pflicht wird, dann zeigt die intensive emotionale Gefolgschaftsbindung in Hitlers Gruppe, wie das Charisma funktionierte: Es bildet sich eine durch den Glauben an eine gemeinsame Mission und an die Außeralltäglichkeit des „Führers" zusammengeschweißte, auf unbedingter Loyalität basierende Führungsgruppe mit klientelistischen Zügen. Weder das ständige Werben und Wetteifern der Gefolgsleute um die Aufmerksamkeit und Gunst des „Führers", noch der ausgeprägte Faktionalismus in der Führungsriege der NSDAP, noch das eigendynamisch wuchernde Kompetenzenchaos unter den Verwaltungsstäben stehen im Widerspruch zur charismatischen Gruppenkohäsion[29]. Zwischen organisatorischer Anarchie und charismatischer Führung besteht ein innerer Zusammenhang. Das ungeregelte Ämtergewirr und die an feudale Patrimonialstrukturen erinnernde Günstlingswirtschaft, die Doppelhierarchien mit überlappenden Befugnissen, die mangelnde Koordination und große Unübersichtlichkeit befestigten Hitlers Stellung als oberster Machthaber zusätzlich; zugleich verstärkten sie die Abhängigkeit der Satrapen von ihm. Auch in der Gefolgschaftsbindung überwiegen somit deutlich charismatische Züge.

Die Praxis des *divide et impera* behielt Hitler auch als Reichskanzler bei. Er übertrug stets Machtfunktionen an Vertrauensleute, die von ihm abhängig waren und an seine Führerqualitäten glaubten, und beauftragte sie mit dem Aufbau von Sonderexekutivapparaten. Dies ließ sich vor allem in Bereichen beobachten, die für seine primären politischen Ziele von zentraler Bedeutung waren: bei der Kontrolle der öffentlichen Meinung und polizeilichen Überwachung, der Außenpolitik, der Wehrmachtsführung, der

---

[29] Dazu grundlegend: Nyomarkay, Charisma and Factionalism.

Rüstungspolitik sowie der Verfolgung und Ermordung der Juden. Über die von ihm ermächtigten Unterführer, die unter Berufung auf den „Führerbefehl" unkontrolliert schalten und walten konnten, erweiterte sich Hitlers Wirkungsfeld. Große Teile des Staates erfuhren eine Charismatisierung. Es entstand der vom Recht entkoppelte „Maßnahmestaat", der gegenüber dem „Normenstaat" die Oberhand gewann[30]. Fragmentierung, Ämterpatronage, Polykratie und eine selbstzerstörerische Institutionendynamik, die auf die Personalisierung der Machtverhältnisse und der Führer-Gefolgschafts-Beziehungen zurückgeführt werden kann, waren die Folge. Die Zerstörung der Rationalität der politischen Institutionen ist direkter Ausfluss dieser Prozesse. Besonders im Untergang wurden die Gewaltpotenziale, die bereits der frühen nationalsozialistischen Bewegung innewohnten, als zerstörerische und selbstzerstörerische Energien freigesetzt. Darin manifestierte sich die „revolutionäre" Kraft von Hitlers charismatischer Führerdiktatur. Ihrer spezifischen Protest- und Transformationsdynamik liegt die Charismatisierung des politisch-administrativen Systems und die damit verbundene Entlegitimierung bestehender institutioneller Ordnungen zugrunde.

Dabei geht es freilich nicht um ein normatives Verständnis, das „revolutionär" mit Modernisierung, sozialem Fortschritt oder Rationalisierung gleichsetzt. Hitler und seine Clique wirkten vor allem dadurch „revolutionär", dass sie für viele Bereiche des politischen Systems und der Gesellschaft zuvor geltende normative und moralische Standards, institutionelle Verfahrensweisen und rationale Organisationsformen unterhöhlten oder außer Kraft setzten. Die Überwindung des Parlamentarismus und des Klassenkampfs im Namen der „nationalen Erhebung", der Mythos von der völkisch-rassischen Homogenität und Superiorität des deutschen Volkes, die chiliastische Vorstellung eines „Tausendjährigen Reichs" rechtfertigten für die nationalsozialistischen Machthaber und deren Schergen jede Form der Unterdrückung und Gewalt, bis hin zum Genozid. Dies aber war das persönliche politische Programm des „Führers" oder wurde auf ihn zurückgeführt: Er verkörperte, analog zum Gottesgnadentum, die höchste Legitimationsinstanz des Regimes, von ihm empfingen die Getreuen die Befehle zur Umsetzung und Verwirklichung seiner politischen Ziele. Niemand hatte gerade die charismatische Eigenart von Hitlers Führerdiktatur klarer erkannt als die Widerstandsgruppe um Claus Schenk von Stauffenberg, die in der Ermordung des Diktators die einzig verbliebene Möglichkeit sah, den ver-

---

[30] Vgl. Ernst Fraenkel, Der Doppelstaat. Recht und Justiz im „Dritten Reich", Frankfurt a. M. 1974.

brecherischen Krieg zu beenden, die militärische Niederlage abzuwenden und die deutsche Gesellschaft moralisch wie politisch umfassend zu erneuern[31].

5. Schlussbemerkung

Der Aufstieg Mussolinis und Hitlers lässt sich aus herrschaftssoziologischer Sicht als Manifestation der Handlungslogik und Eigendynamik der charismatischen Herrschaft erklären. Mehrere soziale Mechanismen wirkten daran mit, für die zweierlei grundlegend ist: Zum einen greifen Ursachen und Wirkungen ineinander und kehren das Kausalverhältnis um, wobei ein zirkuläres Interaktions- und Stimulationsmuster deutlich wird. Zum anderen zeitigen diese Wechselwirkungen und Rückkopplungen selbstverstärkende Effekte, die sich in beiden historischen Fällen in einer radikalisierenden Eskalation der Handlungsziele, der politischen Gewalt und der revolutionär-destruktiven Dynamik zeigten. Die Entstehung, Entwicklung und der Untergang der faschistischen Regime lassen sich freilich nicht monokausal erklären. Max Webers Idealtypus der charismatischen Herrschaft kann aber einen gehaltvollen Beitrag dazu leisten. Dieses Theorem weiter zu entwickeln und stärker für die Analyse der faschistischen Diktaturen des 20. Jahrhunderts zu nutzen, bleibt ein Desiderat und eine Herausforderung für die Totalitarismus- und Diktaturforschung.

---

[31] Vgl. Peter Hoffmann, Claus Schenk Graf von Stauffenberg und seine Brüder, Stuttgart ²1992.

DIE ENTSCHÄRFUNG DER DEUTSCHEN FRAGE

Zeitgeschichte im Gespräch, Band 19
2014. 131 Seiten
Broschur 978-3-486-72476-9 € 16,95
ebook 978-3-486-85636-1 € 16,95
print + eBook 978-3-486-85637-8 € 29,95

Mitte der 1960er Jahre trat der Ost-West-Konflikt in eine neue Phase ein. Auf die Konfrontation im Kalten Krieg folgte die antagonistische Kooperation in der Ära der Entspannung. Die Bundesrepublik leistete einen wesentlichen Beitrag zu dieser Entwicklung: Sie entschärfte die deutsche Frage, indem sie die territoriale Nachkriegsordnung respektierte. Gottfried Niedhart analysiert die Schlüsselrolle der Bundesrepublik im europäischen Entspannungsprozess, der im Verständnis der Großen wie auch der sozial-liberalen Koalition der Überwindung des Status quo dienen sollte. Zugleich beleuchtet er die Politik des Warschauer Pakts, der zwar kein monolithischer Block war, dessen Mitgliedstaaten aber im Gegensatz zur Bundesrepublik Entspannung als Mittel zur Bewahrung des Status quo verstanden.

Gottfried Niedhart ist emeritierter Professor für Neuere Geschichte an der Universität Mannheim.

DE GRUYTER
OLDENBOURG

Find us on Facebook

www.degruyter.com/oldenbourg

Thomas Schlemmer und Hans Woller
Essenz oder Konsequenz?
Zur Bedeutung von Rassismus und Antisemitismus für den Faschismus

1. Nationalsozialistische Exklusivität?

Rassismus und Antisemitismus waren keine Tabuthemen für die Historikerinnen und Historiker, die sich mit der Geschichte der ersten Hälfte des 20. Jahrhunderts beschäftigten[1]. In der internationalen Faschismusdebatte galten diese Phänomene aber lange Zeit als Spezifika des Nationalsozialismus, die den nicht allzu feinen Unterschied zu verwandten Bewegungen und Regimen markierten oder die Verwandtschaft überhaupt in Frage stellten. Niemand wäre auf die Idee gekommen, darin entscheidende Charakteristika oder gar den Wesenskern des Faschismus zu erkennen; das Gegenteil war der Fall[2]. Nahezu alle prominenten Faschismusforscher sahen zumindest im biologistisch motivierten Antisemitismus das Alleinstellungsmerkmal des Nationalsozialismus. Diese Bruchlinie in der faschistischen Welt, wie sie sich nach 1918 herauszubilden begann, zeigte sich 1934 in Montreux, wo die faschistische Internationale ihr Waterloo erlebte. Die Konferenz in der Stadt am Genfer See und damit der faschistische Universalismus, so hieß es, seien vor allem an unüberbrückbaren Meinungsverschiedenheiten in der Rassen- und „Judenfrage" gescheitert[3].

Die Geschichte des Nationalsozialismus in der Bewegungs- wie in der Regimephase schien solche Einschätzungen zu bestätigen. Nirgends sonst spielten Rassismus und Antisemitismus für Programmatik, Propaganda und soziale Praxis eine so große Rolle, nirgends sonst grassierte die Gewalt so ungehemmt, nirgends sonst stand der systematisch organisierte Genozid

[1] Vgl. Werner Bergmann/Ulrich Wyrwa, Antisemitismus in Zentraleuropa. Deutschland, Österreich und die Schweiz vom 18. Jahrhundert bis zur Gegenwart, Darmstadt 2011; George L. Mosse, Die Geschichte des Rassismus in Europa, Frankfurt a. M. 2006.
[2] Vgl. Andreas Wirsching, Vom Weltkrieg zum Bürgerkrieg? Politischer Extremismus in Deutschland und Frankreich 1918–1933/39. Berlin und Paris im Vergleich, München 1999, S. 506–525.
[3] Vgl. Michael A. Ledeen, Universal fascism. The theory and practice of the Fascist International, 1928–1936, New York 1972; zum Gesamtzusammenhang vgl. Beate Scholz, Italienischer Faschismus als „Export"-Artikel (1927–1935). Ideologische und organisatorische Ansätze zur Verbreitung des Faschismus im Ausland, Trier 2001.

am Ende der Entwicklung. Die Verbrechensbilanz könnte erschütternder kaum sein. Neuere Forschungen erhärten diesen Befund, sie nähren paradoxerweise aber auch die Zweifel an der These vom nationalsozialistischen Sonderweg. War die Kluft zwischen Faschismus und Nationalsozialismus tatsächlich so groß? Fällt die NSDAP wirklich völlig aus dem Rahmen, wenn man sie mit den ungarischen Pfeilkreuzlern, der kroatischen Ustaša, der rumänischen Legion „Erzengel Michael" und selbst dem italienischen *Partito Nazionale Fascista* vergleicht? Ist es nicht an der Zeit, die alten Deutungsmuster auf den Prüfstand zu stellen, die am Ende doch darauf hinauslaufen, Hitler, seinen braunen Anhang und das NS-Regime nationalgeschichtlich zu isolieren und aus dem europäischen Kontext hinauszudefinieren?

Diese Fragen sind nicht neu. Die internationale Faschismusforschung hat sich ihnen in den letzten Jahrzehnten immer wieder gestellt, dabei aber insbesondere über die Entstehungsbedingungen und das viel beschworene Wesen des Faschismus diskutiert. Es sei dahingestellt, wie tragfähig der Konsens ist, der sich in hitzigen Debatten um die These Roger Griffins herausgebildet hat, der Faschismus müsse als „palingenetischer Ultranationalismus" begriffen werden[4]. Die Auseinandersetzungen darüber haben die Forschung jedenfalls belebt und die Gegner eines generischen Faschismusbegriffs in die Defensive gedrängt. Damit ist für die vergleichende Faschismusforschung viel gewonnen, aber längst nicht alles geklärt. Die Skepsis bezieht sich vor allem auf die Tatsache, dass Thesen wie die von Roger Griffin nie nur als heuristische Instrumente dienen, sondern immer auch als Charakterisierungen, vielfach sogar als halbe Zustandsbeschreibungen verstanden werden, die in die Irre führen müssen, wenn die eigentlichen Signaturen des Faschismus dabei keine oder nur eine untergeordnete Rolle spielen: Wenn Imperialismus und Krieg, Gewalt und Judenmord im Zeichen des neuen Konsenses epistemologisch separiert werden, bleibt eine Art *Faschismus light* übrig, der mit der historischen Wirklichkeit wenig zu tun hat.

Selbstverständlich sind der Zweite Weltkrieg sowie die Entrechtung, Verfolgung und Ermordung der europäischen Juden in besonderer Weise Teil der deutschen Geschichte, aber weder der größte Krieg noch das größte Verbrechen des 20. Jahrhunderts sind aus der Geschichte des internationalen Faschismus wegzudenken. Das gilt auch für seine weltanschaulichen Antriebskräfte, die in letzter Zeit gegenüber dem Verständnis des Faschismus als soziale Praxis in den Hintergrund gerückt sind[5], obwohl bisher nur der

---

[4] Vgl. den Beitrag von Roger Griffin in diesem Band.
[5] Vgl. dazu vor allem die Arbeiten von Sven Reichardt: Praxeologische Geschichts-

Nationalismus angemessene Beachtung gefunden hat[6]. Rassismus und Antisemitismus wurden demgegenüber – und das gilt auch für Arbeiten, die einer engagiert-antifaschistischen Grundhaltung verpflichtet sind[7] – als *europäische Phänomene* ebenso unterschätzt wie als integrative Elemente ideologischer Sinnstiftung und als handlungsleitendes Grundmuster in den verschiedenen faschistischen Bewegungen[8]. Dennoch ist nicht zu übersehen: Ihr Stellenwert im Faschismus ist ungleich höher, als es die ältere Faschismusforschung vermuten und die von ihr noch immer geprägte Begriffsbildung erkennen lässt. Deutlich wird dies etwa in der wegweisenden Studie von Aristotle Kallis, der auf der Basis und in Erweiterung von Roger Griffins Thesen den Zusammenhang von Faschismus und Genozid untersucht hat. In dieser Perspektive erscheint die palingenetische Utopie mit ihren Leitbegriffen Nation, Wiedergeburt und Säuberung als Voraussetzung für die strukturell-pathologische Feindschaft der Faschisten jeder Couleur gegen alles „Andersartige" und als Legitimation für Ausgrenzung, Gewalt und Massenmord[9].

2. Rassismus als Motor des internationalen Faschismus

Wer vom Faschismus spricht, kann vom Rassismus nicht schweigen. Er durchdrang Ideologie, Praxis und Performanz aller faschistischen Bewegungen und Parteien, und wo der Faschismus an die Macht gelangte, avancierte der Rassismus in der Regel rasch zu einer Maxime der Politik. Im eigenen Land hatte diese Entwicklung insbesondere für ethnische oder religiöse Minderheiten schwerwiegende, ja vielfach sogar tödliche Konsequenzen. In Kolonien, über die etwa Italien verfügte, oder in Territorien, die nach 1939 von Staaten mit faschistischen Regierungen oder faschistischer Grundierung besetzt worden waren, bestimmte der Rassismus der Kolonialherrn

---

wissenschaft. Eine Diskussionsanregung, in: Sozial.Geschichte 22 (2007) H. 3, S. 43–65, und Faschistische Kampfbünde. Gewalt und Gemeinschaft im italienischen Squadrismus und in der deutschen SA, Köln u. a. 2., durchgesehene und ergänzte Aufl. 2009.
[6] Vgl. z.B. Stefan Breuer, Nationalismus und Faschismus. Frankreich, Italien und Deutschland im Vergleich, Darmstadt 2005.
[7] Vgl. Werner Röhr (Hrsg.), Faschismus und Rassismus. Kontroversen um Ideologie und Opfer, Berlin 1992, oder Manfred Weißbecker/Reinhard Kühnl (Hrsg.), Rassismus, Faschismus, Antifaschismus. Forschungen und Betrachtungen. Gewidmet Kurt Pätzold zum 70. Geburtstag, Köln 2000.
[8] So fehlen Rassismus und Antisemitismus etwa im analytischen Modell von Arnd Bauerkämper, Der Faschismus in Europa 1918–1945, Stuttgart 2006, S. 40–46.
[9] Vgl. Aristotle Kallis, Genocide and Fascism. The Eliminationist Drive in Fascist Europe, New York 2009.

und Besatzer zumeist den Alltag der einheimischen Bevölkerung, die klassifiziert, diskriminiert, verfolgt, mit dem Tode bedroht oder ermordet wurde. Das nationalsozialistische Deutschland ging hier mit drastischen Beispielen voran und setzte Maßstäbe, an denen sich verbündete Regierungen und verwandte Bewegungen orientierten; daran kann es keinen Zweifel geben. Neuere Forschungen haben diesen Befund aber auch für Italien und Mussolinis Faschisten bestätigt[10]; nach der Öffnung vieler Archive in den ehemaligen Ostblockstaaten lässt sich ebenfalls mehr über die lange wenig beachteten faschistischen Parteien und Bewegungen an der östlichen und südöstlichen Peripherie Europas sagen. Auch dort saß der Rassismus dem Faschismus gleichsam in den Genen, einen Faschismus ohne Rassismus gab es nicht.

Rassismus ist freilich nicht gleich Rassismus; er konnte kulturell, spirituell-religiös oder auch wissenschaftlich-biologistisch fundiert sein – das hing nicht zuletzt vom Entwicklungsstand der jeweiligen Gesellschaft ab. Fortgeschrittene Industriegesellschaften wie die deutsche brachten einen modernen, scheinbar rationalen Rassismus hervor, der auf pseudo-wissenschaftlichen Theorien beruhte. Eher traditionelle Gesellschaften oder solche im Übergang knüpften an vergleichsweise archaische Vorstellungen von Fremdheit und Ungleichheit an, doch gewalttätig, ja mörderisch konnten moderne Varianten des Rassismus ebenso sein wie vormoderne. In jedem Fall wurzelte der Rassismus jedoch im Nationalismus als einer der wichtigsten politischen Strömungen des 19. und frühen 20. Jahrhunderts:

„Nationalism captalised on ‚race' in order to produce a narrative of common national descent and unbroken continuity, and thus to justify a vicious defence of the nation's purity/wholeness against allegedly ‚alien others' – alien in cultural, spiritual, and increasingly biological terms. The ‚health' of the nation became coterminous with an array of biological benchmarks: strength in numbers, defence from miscegenation, selective breeding with both incentives and disincentives, as well as assault on the causes of ‚degeneration'. ‚Race' offered nationalism a far more useful template of ontological and historic continuity for the nation, as well as a legitimising principle that was allegedly scientific, objective, and incontrovertible."[11]

Der nationalistisch aufgeladene Rassismus oder der rassistisch konnotierte Nationalismus waren kein faschistisches Proprium. Das inhärente Mobi-

---

[10] Vgl. Enzo Collotti, Il fascismo e gli ebrei. Le leggi razziali in Italia, Rom/Bari 2003; Alberto Burgio (Hrsg.), Nel nome della razza. Il razzismo nella storia d'Italia 1870–1945, Bologna ²2000; Aaron Gillette, Racial Theories in Fascist Italy, London/New York 2002, und Francesco Cassata, „La Difesa della razza". Politica, ideologia e immagine del razzismo fascista, Turin 2008.

[11] Kallis, Genocide and Fascism, S. 313; zur *licence to hate* und zur *licence to kill* vgl. ebenda, S. 316.

lisierungspotential, die Mechanismen von Inklusion und Exklusion sowie die sinnstiftende Deutung von Vergangenheit, Gegenwart und Zukunft waren auch außerhalb des genuin faschistischen Lagers attraktiv und schufen Anknüpfungspunkte für politisch-gesellschaftliche Bündnisse zwischen Faschisten, Nationalisten und Konservativen. Zudem lieferten sie die Legitimation für Säuberungen aller Art als Voraussetzung für die nationale Wiedergeburt, die einem Klima des Hasses Vorschub leistete und sogar als „Lizenz zum Töten" verstanden werden konnte.

Besonders eindrucksvoll zeigt sich das am Beispiel der kroatischen Ustaša, deren Geschichte nach dem Zerfall Jugoslawiens Gegenstand erbitterter Deutungskämpfe war, die allerdings in den letzten Jahren merklich abflauten und nüchterner Analyse Platz machten. Auch wenn noch immer viele Fragen offen sind, lässt sich doch feststellen, dass die Forschung über die Ustaša – mit Blick auf Quellen und Methoden – auf eine neue Basis gestellt worden ist. Das gilt für die internationale Vernetzung und die außenpolitischen Ambitionen ebenso wie für Gewalt und Terror oder für das Zusammenwirken mit den deutschen und italienischen Schirmherren und Besatzern zwischen 1941 und 1945[12].

Die ideologischen Grundausrichtungen und Zukunftsvisionen erscheinen vielfach ebenfalls in einem neuen Licht, auch wenn sich die Konturen nach wie vor nur verschwommen erkennen lassen, weil Programm und Ideologie intern nie breit diskutiert und nur ansatzweise kodifiziert worden sind[13]. Beides manifestierte sich vor allem in der „Praxis, in der Mobilisierung von Leidenschaften und in der Ausübung von Gewalt". Dabei trat klar zu Tage, dass der Ustaša-Führung ein ethnisch reiner Nationalstaat vorschwebte – ein Groß-Kroatien, in dem nicht nur die verhassten Serben keinen Platz hatten. Dasselbe galt für die Juden, die Roma und die vielen anderen Minderheiten in den ethnisch, kulturell und religiös ausgesprochen heterogenen Gebieten, die von Kroaten dominiert oder beansprucht

---

[12] Vgl. Raphael Israeli, The Death Camps of Croatia. Visions and Revisions, 1941–1945, New Brunswick/London 2013; Michele Frucht Levy, „The Last Bullet for the Last Serb": The Ustaša Genocide against Serbs, 1941–1945, in: David M. Crowe (Hrsg.), Government-Sponsored Atrocities and International Legal Responses, New York 2011, S. 54–84; H. James Burgwyn, Empire on the Adriatic. Mussolini's Conquest of Yugoslavia 1941–1943, New York 2005; Klaus Schmider, Partisanenkrieg in Jugoslawien, Hamburg 2002; Jonathan E. Gumz, Wehrmacht Perceptions of Mass Violence in Croatia, 1941–1942, in: THJ 44 (2001), S. 1015–1038.
[13] Vgl. Alexander Korb, Im Schatten des Weltkriegs. Massengewalt der Ustaša gegen Serben, Juden und Roma in Kroatien 1941–1945, Hamburg 2013; das folgende Zitat findet sich ebenda, S. 57.

wurden. Jeder, der „nicht der kroatischen Rasse und dem kroatischen Blute angehört"[14], war bestenfalls Bürger zweiter Klasse, musste mit Verfolgung rechnen oder sogar den Tod fürchten. Minderheiten störten den Traum von der homogenen Nation, in der es nur ein tonangebendes Volk gab: die Kroaten. Die Vision der Wiedergeburt ging so Hand in Hand mit dem Gedanken an Vernichtung durch das läuternde Feuer der ethnischen Säuberung[15].

Dabei wurde der radikale kroatische Nationalismus, der an der Wiege der Ustaša stand, zunehmend rassistisch und dann auch antisemitisch aufgeladen. Insbesondere seitdem die faschistische Herausforderung durch Deutschland und Italien in der zweiten Hälfte der 1930er Jahre immer manifester wurde, gewann ein aggressiver Rassismus an Boden. In ihrem Bemühen, die eigene Überlegenheit gegenüber den Serben und anderen Volksgruppen oder Minderheiten zu betonen und zugleich Deutschen und Italienern auf Augenhöhe zu begegnen, behaupteten die Ideologen der Ustaša, „die Kroaten [seien] keine ‚Slawen', sondern ein gotischer Stamm, also germanischer Abstammung"[16]. Daraus leiteten sie nicht nur das Recht auf einen Nationalstaat in historisch-völkisch definierten Grenzen ab, sondern auch die Legitimation, mit den angeblich minderwertigen Bevölkerungsgruppen nach eigenem Gutdünken zu verfahren – Vertreibung und Massenmord eingeschlossen. Unter den Bedingungen des Krieges und im Windschatten der deutschen Vernichtungspolitik kam es schließlich 1941 „zu einer Verschmelzung der Feindbilder", wobei „Serben, Juden, Bolschewisten, Demokraten, Kapitalisten und Freimaurer zunehmend [...] phraseologisch verwoben wurden". Die bemerkenswerte Grausamkeit, mit der die Ustaša zu Werke gingen, erklärt sich nicht zuletzt aus dieser Entwicklung, die Mord und Totschlag aus politischen, kulturellen und rassistischen Motiven gleichermaßen als gerechtfertigt erscheinen ließ.

Die rumänische Legion „Erzengel Michael" und die ungarischen Pfeilkreuzler beriefen sich in der Regel nicht auf ihre Zugehörigkeit zur nordi-

---

[14] So hieß es in den Satzungen der Ustaša; Ustascha-Bewegung, hrsg. vom Kommissariat für Erziehung und Propaganda im Ustascha-Hauptquartier, Zagreb 1943, S. 24.
[15] Vgl. Rory Yeomas, Visions of Annihilation. The Ustasha Regime and the Cultural Politics of Fascism, 1941–1945, Pittsburgh 2013, S. 364.
[16] Zit. nach Tvrtko P. Sočić, Die „Lösung" der kroatischen Frage zwischen 1939 und 1945. Kalküle und Illusionen, Stuttgart 2008, S. 248; das folgende Zitat findet sich ebenda, S. 193. Zum Gesamtzusammenhang vgl. auch Katrin Völkl, Zur Judenfeindlichkeit in Kroatien: Wieweit gab es Antisemitismus bis 1941?, in: Südosteuropa 42 (1993), S. 59–77.

schen Rasse, um ihrer gefühlten Höherwertigkeit Ausdruck zu verleihen[17]. Aber auch ihre Programme und Proklamationen waren durchtränkt von rassistischer Rhetorik, die zur Tat drängte. Oberstes Ziel war – nicht anders als bei den Ustaše – zunächst die „Reinigung der Nation" und dann die Schaffung eines großen Reichs, dessen Grenzen unbestimmt blieben. Wer dieses Reich beherrschen sollte, ergab sich aus der Konstruktion eines ethnisch homogenen Volkes, die freilich nie mit der selben administrativ-legalistischen Rabulistik betrieben wurde wie im Deutschen Reich und seit den späten 1930er Jahren auch in Italien. Der ebenso verbreitete wie diffuse Rassismus zielte generell auf die Marginalisierung alles Fremden, das nur allzu leicht als schädlich und gefährlich stigmatisiert werden konnte. Von hier aus war es vielfach kein weiter Weg mehr zu Entrechtung und Verfolgung von „Untermenschen" und „Aussätzigen", die als „Schmutz" und „Ballast" aus der Gesellschaft entfernt werden sollten. Wie in Kroatien zählten auch in Rumänien und Ungarn die Juden und die nichtsesshaften Roma zu den bevorzugten Zielgruppen von Exklusion und Gewalt; dazu kamen andere Minderheiten, die sich durch Herkunft, Tradition und Religion verdächtig machten[18].

In den faschistischen Bewegungen und Parteien West- und Nordeuropas spielte der radikale Rassismus keine zentrale Rolle; dagegen sprachen schon die historische Entwicklung und die Bevölkerungsstruktur von Staaten wie Frankreich, Schweden oder Großbritannien[19]. Die Faschisten hätten sich in diesen Ländern mit radikalen Attacken auf einen rassisch definierten inneren Feind selbst isoliert und mangels öffentlicher Resonanz ins Abseits gestellt, war doch die Situation völlig anders als in vielen Nachfolgestaaten der 1918 untergegangenen Imperien, wo ethnische Gemengelagen seit langem die Gemüter bewegten und immer wieder schwere Konflikte heraufbeschworen. Das ist aber nur die halbe Wahrheit, denn natürlich hielten sich auch die west- und nordeuropäischen Faschisten für elitäre Kampfgemeinschaften,

---

[17] Vgl. Margit Szöllösi-Janze, Die Pfeilkreuzlerbewegung in Ungarn. Historischer Kontext, Entwicklung und Herrschaft, München 1989; Armin Heinen, Die Legion „Erzengel Michael" in Rumänien. Soziale Bewegung und politische Organisation. Ein Beitrag zum Problem des internationalen Faschismus, München 1986.
[18] Vgl. Armin Heinen, Rumänien, der Holocaust und die Logik der Gewalt, München 2007; Armin Heinen/Oliver Jens Schmitt (Hrsg.), Inszenierte Gegenmacht von rechts. Die „Legion Erzengel Michael" in Rumänien 1918–1938, München 2013; Hildrun Glass, Deutschland und die Verfolgung der Juden im rumänischen Machtbereich 1940–1944, München 2014.
[19] Vgl. den Überblick von Hans Woller, Rom, 28. Oktober 1922. Die faschistische Herausforderung, München 1999, S. 58–96.

die eine besondere nationale Mission zu erfüllen hatten. Schlagworte wie Reinheit des Volkes und Homogenität der Gesellschaft hatten auch in ihren Reihen Konjunktur, ganz zu schweigen von tiefsitzenden Überlegenheitsgefühlen, die vor allem in Westeuropa vielfach das Produkt von Imperialismus und Kolonialismus waren. Geringschätzung und Verachtung farbiger Völkerschaften in Afrika und Asien waren etwa bei den britischen oder französischen Faschisten fast ubiquitär, so dass auch ihnen der rassistische Stallgeruch anhaftete.

Diese Feststellung gilt ebenfalls für den PNF in Italien und seine Vorläufer, wobei den *Squadristi* zwischen 1919 bis 1921 eine besondere Bedeutung zukam, denn die faschistischen Kämpfer propagierten den Rassismus nicht nur, sie praktizierten ihn auch. Die italienische Geschichtsschreibung und vor allem die italienische Öffentlichkeit haben sich dennoch lange mit der Behauptung getröstet, der Faschismus sei frei von Rassismus gewesen; rassistisches Gedankengut, sofern es in der Geschichte des Faschismus überhaupt vorhanden gewesen sei, müsse auf das Konto der Nationalsozialisten verbucht werden[20]. Mittlerweile ist diese Legende zur gesellschaftlichen Selbstberuhigung in sich zusammengebrochen. Schon ältere Forschungen haben den Antislawismus als Wesensmerkmal des frühen Faschismus in den nordöstlichen Provinzen an der Grenze zu Jugoslawien identifiziert. Neuere Studien bestätigen diese Befunde, sie belegen darüber hinaus aber auch, dass die Mitte der 1920er Jahre forcierte Minderheitenpolitik des faschistischen Regimes mitnichten nur auf eine nationale Homogenisierung durch (Zwangs-)Assimilierung und forcierte Italianisierung zielte. Dabei ging es auch und vor allem um die strikte Hierarchisierung der Gesellschaft, wobei die Italiener unter Berufung auf ihr tief verwurzeltes *superiorità*-Denken überall besondere Vorrechte beanspruchten und durchsetzten[21].

Etwa zur selben Zeit zeigte sich das faschistische Regime in den Kolonien in Nordafrika[22] und dann am Horn von Afrika erstmals ganz offen von seiner rassistischen Seite. Die Italiener sollten sich dort ihrer selbst würdig

---

[20] Vgl. insbesondere Renzo De Felice, Storia degli ebrei italiani sotto il fascismo. Nuova edizione ampliata, Turin 1993, S. IX, und Renzo De Felice, Der Faschismus. Ein Interview von Michael A. Ledeen, Stuttgart 1977, S. 89 ff.
[21] Vgl. Rolf Wörsdörfer, Krisenherd Adria 1915–1955. Konstruktion und Artikulation des Nationalen im italienisch-jugoslawischen Grenzraum, Paderborn u. a. 2004, oder Stefan Lechner, Die Eroberung der Fremdstämmigen. Provinzfaschismus in Südtirol 1921–1926, Innsbruck 2005.
[22] Vgl. Eric Salerno, Genocidio in Libia. Le atrocità nascoste dell'avventura coloniale italiana (1911–1931), Rom 2005.

erweisen und – im Großen wie im Kleinen – als Herrscher bewähren, die sich mit den Einheimischen in Nichts gemein machten. In der 1935/36 eroberten Kolonie Abessinien entstand aus solchen Vorsätzen ein ausgeklügeltes Apartheid-System. Scharfe Distinktionen durchdrangen so gut wie alles: Es gab separate Krankenhäuser, Restaurants und Kinos; eigentlich war alles getrennt, sogar die Friedhöfe und Bordelle und natürlich auch die Bildungseinrichtungen. Die wenigen Schulen, die den jungen Abessiniern offenstanden, vermittelten nur elementares Basiswissen; drei Jahre mussten sie diese Einrichtungen besuchen, weiterführende Schulen waren für sie nicht vorgesehen[23]. Was das faschistische Regime mit Italienisch-Ostafrika vorhatte, trat nirgends deutlicher zutage, als in der Stadtplanung, die ganz im Zeichen rigoroser Rassentrennung stand[24]. Auf den Reißbrettern von Architekten und anderen Experten tobte eine ebenso kühne wie skrupellose Aus- und Abgrenzungswut. Nichts schien unmöglich: Die Weißen sollten eigene Wohnviertel mit moderner westlicher Infrastruktur erhalten, während man die farbige Bevölkerung in periphere, streng abgeschirmte Bezirke verbannen wollte, die von Reservaten und Ghettos nicht viel unterschied. Wenn man dafür allein in Addis Abeba Hunderttausende umsiedeln musste, so war das ebenso wenig ein Problem, wie wenn man Platz für Neubauten und Pufferzonen brauchte, die den weißen Mann vor der Kontamination durch die Schwarzen schützen sollten.

Anfangs folgte die Politik der Rassentrennung noch keinem klaren Konzept. Man verließ sich auf generelle Ermahnungen und punktuelle Eingriffe, die vielfach auf lokale Initiativen zurückgingen. 1936/37 war es mit solchen Improvisationen vorbei. Das erste koloniale Rassengesetz vom 19. April 1937 markierte die Wende zur systematischen, mit strafrechtlichen Konsequenzen bewehrten Rassentrennung, die man bis dahin weder in der britischen noch in der französischen Kolonialpolitik kannte. Das Gesetz zielte darauf ab, intime Kontakte zwischen italienischen Staatsbürgern und einheimischen Frauen zu unterbinden. Italiener, die in eheähnlichen Beziehun-

---

[23] Vgl. Aram Mattioli, Experimentierfeld der Gewalt. Der Abessinienkrieg und seine internationale Bedeutung 1935–1941, Zürich 2005; Asfa-Wossen Asserate/Aram Mattioli (Hrsg.), Der erste faschistische Vernichtungskrieg. Die italienische Aggression gegen Äthiopien 1935–1941, Köln 2006; Matteo Dominioni, Lo sfascio dell'Impero. Gli Italiani in Etiopia 1936–1941, Rom/Bari 2008.

[24] Vgl. Patrick Bernhard, Die „Kolonialachse". Der NS-Staat und Italienisch-Afrika 1935 bis 1943, in: Lutz Klinkhammer/Amedeo Osti Guerrazzi/Thomas Schlemmer (Hrsg.), Die „Achse" im Krieg. Politik, Ideologie und Kriegführung 1939–1945, Paderborn u. a. 2010, S. 147–175, hier insbesondere S. 154–168.

gen mit Äthiopierinnen lebten, mussten mit bis zu fünf Jahren Haft rechnen, die Frauen kamen straflos davon, galten sie doch aufgrund ihrer „minderen Rasse" als schuldunfähig, während der Mann als Träger einer überlegenen Zivilisation wissen musste, was er tat. Darüber hinaus traf es vor allem die sogenannten Mischlinge, deren Rechte schrittweise eingeschränkt wurden und die der vollständigen Marginalisierung entgegensahen[25].

Die neuere Forschung hat den lange verkannten Stellenwert des Rassismus im italienischen Faschismus und die Radikalisierungsprozesse, die zumal in den Kolonien zu beobachten waren, eindrucksvoll herausgearbeitet[26]. Dabei wurde auch deutlich, dass Mussolini eine zentrale Rolle spielte. Der spätere *Duce* fand bereits als Sozialist Gefallen an der Rassenfrage, die Joseph Arthur de Gobineau, Houston Stewart Chamberlain und andere Theoretiker der Rassenhierarchie ins Zentrum ihrer Welterklärungsphantasien gestellt hatten. Mussolini experimentierte mit diesen Theorien und legte sie sich auf seine Weise zurecht[27]. In seinen Augen gab es höher- und minderwertige Rassen, die in einer Art ewigem Rassenkampf miteinander konkurrierten – mit ungewissem Ausgang: Die weiße oder arische Rasse konnte ihre Überlegenheit leicht verlieren, wenn sie unachtsam wurde und ihre Fruchtbarkeit und Homogenität einbüßte – und somit auf die schiefe Bahn der Dekadenz geriet. Homogenität war dabei nicht nur eine Frage der Abstammung, sie ließ sich auch durch Assimilierung erreichen. Wenn stärkere Rassen sich mit schwächeren mischten und diese aufsogen, konnte daraus sogar eine Kräftigung resultieren. Die Vermischung der Rassen war für Mussolini also anfangs noch kein Übel, sondern das „Salz der Weltgeschichte", so der italienische Forscher Giorgio Fabre, der allerdings auch betonte, dass Mussolini bei dieser und vielen anderen Fragen der Rassentheorie lange schwankte[28].

Sogar bei der rassentheoretischen Einordnung seines eigenen Volkes tat er sich anfangs schwer. Gewiss, die Italiener gehörten zur weißen Rasse und standen dabei auf den oberen Sprossen der Leiter. Zugleich aber hatte Mussolini schwere Bedenken hinsichtlich der rassischen Homogenität seines Landes. „Italien ist keine Einheit. [...] Die moralischen Bindungen, die

---

[25] Vgl. Gabriele Schneider, Mussolini in Afrika. Die faschistische Rassenpolitik in den italienischen Kolonien 1936–1941, Köln 2000.
[26] Vgl. Enzo Collotti, Il fascismo e gli ebrei. Le leggi razziali in Italia, Rom/Bari 2003.
[27] Vgl. Giorgio Fabre, Mussolinis engagierter früher Antisemitismus, in: QFIAB 90 (2010), S. 346–372.
[28] Vgl. Giorgio Fabre, Mussolini Razzista. Dal socialismo al fascismo: la formazione di un antisemita, Mailand 2005; das Zitat findet sich auf S. 168.

zwischen einem Piemontesen und einem Sizilianer bestehen, sind zweifelhaft. Die rassischen sind es noch mehr", meinte er noch 1908, ehe er im Jahr danach umzudenken begann und die Italiener schließlich zu einem eigenständigen „mediterranen Strang der arischen Rasse" erklärte, der eine „herausragende assimilatorische Kraft" habe, wie er 1916 schrieb[29].

Die Unsicherheit bei der rassischen Klassifizierung seiner Landsleute rückte in Mussolinis Weltbild später ebenso in den Hintergrund wie der Stolz auf die „assimilatorische Kraft" der Italiener. Im *Manifesto della razza* vom Juli 1938, das in allen wesentlichen Punkten die Handschrift Mussolinis trug, wurde jeder Zweifel ausgeräumt und zugleich das völkisch-biologistische Prinzip zum Leitgedanken des faschistischen Rassismus erhoben: Es existiere eine *razza italiana*, die arischen Ursprungs und seit Jahrtausenden „rein" geblieben sei. Diese „althergebrachte Reinheit der Rasse", so hieß es weiter, „ist der bedeutendste Adelstitel der italienischen Nation". Daher müsse man eine Vermischung mit jeder anderen Rasse vermeiden, die nicht europäischen Ursprungs sei[30]. Die Sorge um die Reinheit und, wie hinzugefügt werden muss, um die Aufwertung der eigenen Rasse steigerte sich schließlich bis zur Obsession.

Mussolini wollte Italien mit aller Macht in einen rassisch-homogenen Volksstaat verwandeln, der stark genug war, um die Fesseln von Versailles abzustreifen und die alten imperialen Sehnsüchte in Afrika und auf dem Balkan zu befriedigen. Eine Realisierungschance für diese hypertrophen Visionen bestand in seinen Augen aber nur dann, wenn er eine „anthropologische Revolution" ins Werk setzte, die einen neuen faschistischen Menschen hervorbringen sollte: den „Römer der Moderne"[31]. Mussolini war wie besessen von dem Gedanken, seinem Volk ein neues Format zu geben, ihm die alte bürgerliche und bäuerliche Gesittung auszutreiben und ihm eine neue Moral sowie ein klares Bewusstsein der eigenen überlegenen Rasse einzuimpfen. Die Geschichte lehre, betonte er im September 1938, „dass man Reiche mit Waffengewalt" erobere, „aber mit Prestige" erhalte. Und wenn man „Respekt gewinnen" wolle, müsse man „ein klares, strenges Rassen-

---

[29] Hans Woller, Ante portas. Mussolini in Trient 1909, in: Hannes Obermair/Stephanie Risse/Carlo Romeo (Hrsg.), Regionale Zivilgesellschaft in Bewegung. Festschrift für Hans Heiss, Wien/Bozen 2012, S. 483–500, hier S. 493.
[30] Zit. nach Thomas Schlemmer/Hans Woller, Der italienische Faschismus und die Juden 1922–1945, in: VfZ 53 (2005), S. 164–201, hier S. 179f.
[31] Vgl. Emilio Gentile, La grande Italia. Ascesa e declino del mito della nazione nel ventesimo secolo, Mailand 1997, S. 172–177; Emilio Gentile, Fascismo. Storia e interpretazione, Rom/Bari 2002, S. 235–264.

bewusstsein haben, das nicht nur Unterschiede markiert, sondern sehr entschieden die Überlegenheit betont"[32]. Letztlich wiesen die faschistischen Bemühungen, zum Aufbau eines Imperiums und zur Schaffung eines „neuen Menschen" in Theorie und Praxis ein spezifisches Gepräge auf, wie Davide Rodgno betont hat:

> „Das faschistische Großreich sollte sich in Europa wie in Afrika und in Asien auf die Rasse gründen; es hätte sich also um ein rassistisches Imperium gehandelt, das sich die Völkerschaften der eroberten Territorien unterworfen und ein hierarchisches System der Über- und Unterordnung errichtet hätte. Kein Volk sollte sich unter die ‚zivilisationsbringende Rasse' mischen dürfen, und das Werk der ‚Zivilisierung' hätte die Eroberten nicht dazu gebracht, sich mit der ‚Rasse der Eroberer' zu identifizieren."[33]

3. Judenfeindschaft und Antisemitismus

Rassismus und Antisemitismus sind nicht identisch; sie haben andere historische und ideengeschichtliche Wurzeln, andere Zielgruppen und bilden andere Handlungsmuster aus[34]. In der Praxis überlagern sich beide Phänomene allerdings vielfach, und wo Rassismus herrscht, sind Judenfeindschaft und Antisemitismus zumeist nicht weit. Diese Feststellung gilt insbesondere für die faschistischen Bewegungen und Parteien, die sich nach 1918 in Europa gebildet hatten, wie ein Blick auf die Teilnehmer der bekannten Konferenz in Montreux zeigt[35]. Man wird allen Repräsentanten des internationalen Faschismus, die sich im Dezember 1934 auf italienische Initiative versammelten, fremdenfeindliche und rassistische Überzeugungen attestieren können. Judenfeindschaft war ihnen ebenfalls nicht fremd, obwohl zumindest diejenigen, die politisch marginalisierte Splittergruppen vertraten, andere Sorgen hatten, als sich um die jüdischen Minderheiten in ihren Ländern zu kümmern. Die Juden mochten auch hier nicht überall beliebt sein, doch sie ließen sich nur sehr bedingt politisch-propagandistisch instrumentalisieren, um eine faschistische Massenbasis zu mobilisieren.

---

[32] So Benito Mussolini am 18.9.1938 in Triest; zit. nach Opera Omnia di Benito Mussolini, hrsg. von Edoardo Susmel und Duilio Susmel, Bd. XXIX: 1 ottobre 1937 – 10 giugno 1940, Florenz 1959, S. 144–147, hier S. 146.

[33] Davide Rodogno, Die faschistische Neue Ordnung und die politisch-ökonomische Umgestaltung des Mittelmeerraums 1940 bis 1943, in: Klinkhammer/Osti Guerrazzi/Schlemmer (Hrsg.), „Achse" im Krieg, S. 211–230, hier S. 227.

[34] Vgl. Christian Geulen, Antisemitismus, Rassismus, Xenophobie. Zur Unterscheidung moderner Anfeindungsformen, in: Jahrbuch des Simon-Dubnow-Instituts 5 (2006), S. 257–278.

[35] Vgl. Ledeen, Universal fascism, S. 114–129, und Scholz, Faschismus, S. 331–338.

Eine Ausnahme bildete die Legion „Erzengel Michael", die Anfang der 1930er Jahre allerdings noch keine „politische Großmacht" war[36]. Sie befand sich jedoch bereits so sehr im Aufwind, dass die Regierung in Bukarest ängstlich zu werden begann und zu entschiedenen Abwehrmaßnahmen wie Parteiverbot und Massenverhaftungen griff, ohne die Bewegung freilich stoppen zu können. 1937 war die Legion die drittstärkste politische Kraft im Lande und konnte sich auf etwa 300.000 Mitglieder stützen. Der Judenhass, der in der rumänischen Gesellschaft seit langem grassierte, war bei den Legionären besonders ausgeprägt. Sie bildeten die fanatische Speerspitze eines ebenso glühenden wie gewaltbereiten Antisemitismus[37], wobei sich traditionelle Beweggründe nur schwer von modernen rassistischen Motiven trennen lassen. Die Juden waren in den Augen der Legion neben der alten politischen Klasse, die Rumänien an den „sündigen Westen" verkauft hatte, die Hauptfeinde[38]. Sie sahen sie überall wühlen und alles zersetzen, was den Legionären heilig war. Den Juden das Handwerk zu legen, erschien deshalb nicht nur als Erfordernis praktischer Politik, sondern als Akt nationaler Notwehr unter Einsatz aller Mittel. „Die Höllenbrut", forderte ihr Führer Corneliu Zelea-Codreanu schon 1936, müsse vernichtet werden; es gelte, die „Mächte der Finsternis" ein für alle Mal zu beseitigen. Vier, fünf Jahre später, als die Legion kurze Zeit in der Regierung saß, ging diese Saat auf. 1940/41 kam es zu regelrechten Gewaltorgien, als die Legionäre die ganze Macht an sich zu reißen versuchten. Plünderungen, Schändungen, ja regelrechte Pogrome waren bei diesem erfolglosen Putschversuch an der Tagesordnung.

Die ungarischen Pfeilkreuzler und die kroatischen Ustaša standen der Legion „Erzengel Michael" in ihrem antijüdischen Furor kaum nach. Dass es hier wie dort vor Antisemiten wimmelte und dass der Judenhass Praxis und Politik bestimmte, ist bereits seit langem bekannt[39]. Die ubiquitäre Radikalität, die zumindest partielle rassistisch-biologistische Grundierung ihres Antisemitismus und nicht zuletzt die unerhörte Dimension ihrer Gewalttaten gegen Juden sind aber doch erst in den letzten zehn Jahren herausgearbeitet und in quellengesättigten Studien veranschaulicht worden[40].

---

[36] Ernst Nolte, Die faschistischen Bewegungen. Die Krise des liberalen Systems und die Entwicklung der Faschismen, München ⁵1975, S. 220.
[37] Vgl. Radu Harald Dinu, Antisemitismus als soziale Praxis, in: Heinen/Schmitt (Hrsg.), Inszenierte Gegenmacht von rechts, S. 113–129.
[38] Vgl. dazu ausführlich Heinen, Rumänien, S. 99–108; die folgenden Zitate finden sich ebenda, S. 101.
[39] Vgl. etwa Szöllösi-Janze, Pfeilkreuzlerbewegung, S. 239–249.
[40] Vgl. Christian Gerlach/Götz Aly, Das letzte Kapitel. Realpolitik, Ideologie und der

Gleiches wird man von der Organisation Ukrainischer Nationalisten (OUN) sagen können, deren Nähe zum Faschismus in Zeiten des Kalten Krieges westlich des Eisernen Vorhangs lange Zeit ignoriert worden ist[41]. Tatsächlich entwickelten die ukrainischen Nationalisten Visionen eines selbstständigen totalitären Staatswesens, die sich „stark an Mussolinis faschistischem, korporativem Staatsmodell" orientierten[42]. Sie fühlten sich überwiegend als Faschisten, nannten sich aber nicht so, „weil sie die ‚Originalität' des ukrainischen Nationalismus betonen wollten". Die OUN war zwar nicht so rassistisch wie die kroatische Ustaša, aber auch in ihren Reihen ging ein gewaltbereiter Antisemitismus um, der sich aus den verschiedensten Motiven speiste. Die Juden gehörten *per definitionem* nicht zur „ukrainischen Nation", die sich selbst noch erfinden musste. Die OUN sah in ihnen Sympathisanten der verhassten Polen oder Spitzel und Drahtzieher des noch verhassteren Bolschewismus, der nach der Zerschlagung Polens 1939 zum Hauptfeind der ukrainischen Nationalisten avancierte. Im Zuge der Kollaboration mit den deutschen Besatzern radikalisierte sich der Antisemitismus der OUN während des Zweiten Weltkriegs zum fanatischen Judenhass. Er stehe auf dem Standpunkt, betonte ein prominenter ukrainischer Nationalist, „dass die Juden vernichtet werden müssen und dass es zweckmäßig ist, in der Ukraine die deutschen Methoden der Judenvernichtung einzuführen".

Viel deutlicher als früher ist in den letzten Jahren auch der Stellenwert des Antisemitismus für den italienischen Faschismus herausgearbeitet worden. Dabei galt es, politisch-gesellschaftliche Hürden ebenso zu überwinden wie wissenschaftliche, hatten doch renommierte Faschismusforscher wie Renzo De Felice wiederholt erklärt, der Faschismus sei weder rassistisch noch antisemitisch gewesen und könne nicht des Genozids geziehen werden, habe er sich doch außerhalb der langen Schatten des Holocausts befunden[43]. Die schlecht zu leugnenden Rassengesetze von 1938 seien primär den Deutschen anzulasten. Hitler habe Mussolini im Zeichen der „Achse" dazu überredet

---

Mord an den ungarischen Juden 1944/45, Stuttgart/München 2002; Völkl, Judenfeindlichkeit in Kroatien.

[41] Vgl. Franziska Bruder, „Den ukrainischen Staat erkämpfen oder sterben". Die Organisation Ukrainischer Nationalisten (OUN) 1929–1948, Berlin 2007; Frank Golczewski, Deutsche und Ukrainer 1914–1939, Paderborn u. a. 2010; Dieter Pohl, Nationalsozialistische Judenverfolgung in Ostgalizien 1941–1944. Organisation und Durchführung eines staatlichen Massenverbrechens, München 1996.

[42] Bruder, OUN, S. 122; die folgenden Zitate finden sich ebenda, S. 35 und S. 126.

[43] Vgl. Interview von Giuliano Ferrara mit Renzo De Felice vom 27. 12. 1987, abgedruckt in: Jader Jacobelli (Hrsg.), Il fascismo e gli storici di oggi, Rom/Bari 1988, S. 3–6, hier S. 6.

oder gar gezwungen, den antisemitischen Kurswechsel zu vollziehen. De Felice erteilte damit letztlich auch allen Versuchen eine Absage, Faschismus und Nationalsozialismus in vergleichender Perspektive zu untersuchen oder durch theoretische Konzepte gewissermaßen auf einen Nenner zu bringen[44].

Heute gibt es nur noch wenige Historiker, die nicht einräumen würden, dass die Ursachen der Radikalisierung seit Anfang der 1930er in der Ideologie und im Herrschaftssystem des Faschismus selbst zu suchen sind, ja dass die Wurzeln sogar noch tiefer reichen und insbesondere mit der traditionellen Überzeugung von der italienischen *superiorità* zusammenhängen, die bereits vor dem Ersten Weltkrieg zunehmend rassistische Züge gewonnen hatte. Auch Mussolini, der lange nicht in dem Verdacht stand, Antisemit gewesen zu sein, wird mittlerweile viel kritischer beurteilt als dies noch De Felice – sein wohl bekanntester Biograph – getan hat. Antijüdische Ressentiments lassen sich schon nachweisen, als der spätere *Duce* noch zu den kämpferischen Sozialisten zählte. Wann sie rassistisch aufgeladen wurden, ist nicht genau zu sagen; sicher ist aber, dass er schon vor 1914 die Standardwerke des rassischen Antisemitismus kannte, dass er über sie schrieb und sich nie explizit davon distanzierte. Viele Äußerungen lassen sogar die Umrisse eines durchgehend negativen Judenbilds erkennen: Die Juden waren für Mussolini eine eigene, und zwar minderwertige Rasse. Er hielt sie für anders, moralisch krank und geldgierig, vor allem aber für „das Volk der ‚Rache'"[45], das seit der Vertreibung aus Jerusalem auf Zerstörung und Vergeltung sinne.

Nach seiner Konversion zum Faschismus und nach dem „Marsch auf Rom" verfestigten sich diese Vorurteile, auch wenn das in der praktischen Politik noch nicht zu erkennen war. Der neue Regierungschef hatte zunächst Wichtigeres zu tun; er duldete Juden anfangs sogar in seiner eigenen Partei – selbst hohe Regierungsämter übertrug er einigen von ihnen. Ende der 1920er Jahre ließ er seine Maske aber zunehmend häufiger fallen. Dies zeigte sich nicht zuletzt in der judenfeindlichen Färbung der faschistischen Presse, wo man die Juden staatsfeindlicher Umtriebe verdächtigte[46]. Man unterstellte ihnen, dass sie die antifaschistische Opposition unterstützten, man griff sie an, weil sie angeblich im internationalen Kommunismus eine tragende Rolle spielten, und man warf ihnen vor, national unzuverlässig zu sein, weil die zionistische Bewegung auch im italienischen Judentum

---

[44] Vgl. Schlemmer/Woller, Faschismus, S. 164ff.
[45] Fabre, Mussolini Razzista, S. 175.
[46] Vgl. Michele Sarfatti, Gli ebrei nell'Italia fascista. Vicende, identità, persecuzione, Turin 2000, S. 64–68.

Sympathisanten gefunden hatte[47]. Die Juden sahen sich flächendeckender Beobachtung ausgesetzt, viele mussten kleinliche Schikanen über sich ergehen lassen, in manchen Behörden und Berufssparten ließ man sie sogar extra zählen. Ein Jude klagte schon im März 1929 im vertrauten Kreis: „Sicher ist, dass heute alles getan wird, was möglich ist, um die Juden auszuschließen, alles, was man den Juden verbieten kann, wird ihnen verboten."[48] Ganz so weit war es zwar noch nicht. Richtig ist aber schon, dass es nicht wenige Juden gab, die diskriminiert wurden, beruflich nicht mehr vorankamen oder ihre Posten verloren. Vor allem galt dies für Juden, die herausgehobene Stellen in Zeitungen, Banken, Akademien und im öffentlichen Dienst hatten. Dutzende und Aberdutzende mussten ihre Schreibtische räumen – häufig auf direkten Befehl des Duce, der sich in detailsüchtiger Penetranz um jeden Einzelfall kümmerte[49]..

Antisemitismus und Judenfeindschaft hatten also autochthone Wurzeln, so dass es keinen direkten Import nationalsozialistischer Gesetze, Verordnungen und Praktiken nach Italien gab; deutscher Druck war in einer Phase, als sich die Beziehungen zwischen Berlin und Rom auf dem Tiefpunkt befanden, ohnehin auszuschließen. Mussolini selbst machte sich jedenfalls lustig über diejenigen, die solche epigonalen Zusammenhänge herstellten. „Ich bin seit 1921 Rassist", erklärte er seiner Geliebten Claretta Petacci. „Ich weiß nicht, wie man auf die Idee kommen kann, ich imitiere Hitler; er war damals noch gar nicht auf der Welt. Es ist zum Lachen."[50] Dennoch darf der Einfluss der nationalsozialistischen Judenpolitik auf die Entwicklung in Italien nicht unterschätzt werden. Mussolini entging die neue Konjunktur des Antisemitismus im Deutschen Reich und andereuropäischen Ländern nicht. Hitlers Radikalität und Erfolg reizten ihn zur Nachahmung. Der „Führer" bewies in seinen Augen nachdrücklich, zu welchen Leistungen ein Volk fähig war, wenn man es auf Linie brachte, gegen einen rassisch definierten inneren Feind mobilisierte und dabei alle Tabugrenzen niederriss.

Dass bereits Mitte der 1930er Jahre ein anderer Wind wehte, war bald überall zu spüren. Die Entlassungen von Juden häuften sich und betrafen nun auch

---

[47] Zur Bedeutung dieses Faktors vgl. Frauke Wildvang, Der Feind von nebenan. Judenverfolgung im faschistischen Italien 1936–1944, Köln 2008, S. 77.
[48] Zit. nach Fabre, Mussolinis engagierter früher Antisemitismus, S. 357.
[49] Vgl. hierzu Sarfatti, Ebrei nell'Italia fascista, S. 53–102, und – insbesondere zum „antisemitischen Projekt" Mussolinis – Fabre, Mussolini Razzista, S. 468–477.
[50] Claretta Petacci. Mussolini Segreto. Diari 1932–1938, hrsg. von Mauro Suttora, Mailand 2009, S. 393 (Eintrag vom 4. 8. 1938); die folgenden Zitate finden sich ebenda, S. 299f., S. 405 und S. 423.

nicht mehr nur Prominente in herausgehobenen Stellungen. Hinzu kamen wirtschaftliche Einschränkungen und erste informelle Berufsverbote, vor allem aber eine Pressekampagne, in der sich nicht nur die alten, bereits seit den 1920er Jahren aktiven antisemitischen Hetzblätter zu Wort meldeten. Jetzt intervenierten auch die Leitorgane des faschistischen Propagandaapparats, und zwar mit steigender Intensität. Mussolini mischte bei dieser permanenten Radikalisierung kräftig mit – als Einpeitscher im PNF, als Leitartikler im *Popolo d'Italia*, und auch unter vier Augen ließ er seinen antisemitischen Ressentiments nun freien Lauf. „Diese Schweine von Juden", wütete er im April 1938, seien „ein Volk, das dazu bestimmt ist, in toto geschlachtet zu werden". „Die Juden stinken", sagte er im September 1938: „Sie sind eine verfluchte Rasse, sie sind Gottesmörder". Und einen Monat später meinte er: „Diese ekelhaften Juden, man muss alle vernichten. Ich werde ein Blutbad anrichten."

Diese wilden Sprüche und Ankündigungen blieben nicht ohne Folgen. Eine davon war das erwähnte *Manifesto della razza* vom Juli 1938, eine andere die vom Faschistischen Großrat verabschiedete „Erklärung über die Rasse" vom Oktober 1938, in der zum ersten Mal definiert wurde, wer als Jude anzusehen war und wer nicht. Als solcher galten demnach Personen, die von jüdischen Eltern abstammten – ganz gleich ob getauft oder nicht –, die einen jüdischen Vater und eine ausländische Mutter hatten und die aus einer sogenannten Mischehe kamen, sich aber zum Judentum bekannten. Den Status eines „Mischlings" gab es im Faschismus nicht. Wer einer „Mischehe" entstammte und sich vom Judentum abgewandt hatte, galt als Italiener[51].

Das Gesetz vom 17. November 1938 zum „Schutz der italienischen Rasse" fasste alle zuvor ergangenen Verordnungen zusammen, beendete das Werk der Entrechtung und Erniedrigung, das in den Jahren zuvor begonnen worden war, aber noch lange nicht[52]. Die diskriminierenden Bestimmungen, die es enthielt, wurden bis 1943 erweitert und verschärft, und zwar nicht nur von der Regierung in Rom, sondern immer häufiger auch auf Initiative der Kommunen und Provinzen. Die Botschaft des *Duce* hatte dort gezündet und eine radikalisierende Dynamik in Gang gesetzt, die kaum mehr zu bremsen war. Hier lieferte man sich fast schon einen Wettbewerb, wie man den Juden das Leben so sauer wie möglich machen konnte.

---

[51] Vgl. Michele Sarfatti, Gli ebrei negli anni del fascismo: vicende, identità, persecuzione, in: Corrado Vivanti (Hrsg.), Storia d'Italia. Annali, Bd. XI: Gli ebrei in Italia, Teil 2: Dall'emancipazione a oggi, Turin 1997, S. 1623–1764, hier S. 1688.
[52] Vgl. Wildvang, Feind von nebenan, S. 104–195, und Mario Avagliano/Marco Palmieri, Di pura razza italiana. L'Italia „ariana" di fronte alle leggi razziali, Lavis 2013.

Das Ziel, das Mussolinis Regime letztlich verfolgte, kam nirgendwo deutlicher zum Ausdruck als in dem 1940 ersonnenen Projekt einer „Endlösung all'italiana", die darauf hinausgelaufen wäre, die überwiegende Mehrheit der im Königreich Italien lebenden Juden binnen zehn Jahren aus dem Land zu jagen und diejenigen, die in sogenannten Mischehen lebten oder diesen entstammten, gewissermaßen zu arisieren[53]. So radikal dieser Vorschlag war, neben der „Endlösung" der Nationalsozialisten nimmt er sich fast harmlos aus. Das faschistische Regime ging in seiner Judenpolitik sehr weit und setzte eine Gesetzgebung ins Werk, die als „die weltweit härteste" nach der des Dritten Reichs gilt[54]. Anders als die Nationalsozialisten überschritten die italienischen Faschisten jedoch niemals die Grenze zum Mord. Vertreibung statt Vernichtung, lautete das Motto, das freilich nur bis Mussolinis Sturz im Sommer 1943 maßgeblich war.

4. Nationalsozialismus und Krieg als Katalysatoren

Am italienischen Beispiel zeigt sich besonders deutlich, was für die faschistischen Bewegungen und Parteien – zumal für die größeren von ihnen – insgesamt gilt: Rassismus und Antisemitismus waren genausowenig aus ihrer Weltanschauung und Alltagspraxis wegzudenken wie Nationalismus und eine Gewaltbereitschaft, die ihresgleichen sucht. Die Dynamik, die aus dieser spezifischen Mischung entstand, zielte in der Regel auf die Schaffung homogener Staaten, die ihre Gesellschaften und ihre „Volksgenossen" in jeder Hinsicht neu formatieren sollten. Die Faschisten träumten von neuen Menschen, ja von einer „Revolution der Seele", so Robert Paxton, der damit auch den totalitären Charakter des Faschismus unterstrich[55]. Die Ausgrenzungs-, Vertreibungs-, Vernichtungs- und Züchtungsfantasien, die mit solchen Homogenisierungs- und Neuordnungsambitionen verbunden waren, bestimmten spätestens seit den 1930er Jahre die Politik der Regierung Mussolini. Millionen Italiener mussten sich dem Experiment einer anthropologischen Revolution fügen – viele taten es mit Begeisterung[56].

Anders lag der Fall in Ländern wie Rumänien, Jugoslawien oder Ungarn. In diesen Ländern kannten die Faschisten zwar in der Bekämpfung ihrer

---

[53] Vgl. Schlemmer/Woller, Faschismus, S. 188.
[54] Enzo Collotti/Lutz Klinkhammer, Zur Neubewertung des italienischen Faschismus, in: GuG 26 (2000), S. 286–306, hier S. 295.
[55] Robert O. Paxton, Anatomie des Faschismus, München 2006, S. 209.
[56] Vgl. dazu den Beitrag von Emilio Gentile in diesem Band.

Gegner kein Pardon, und sie machten nicht zuletzt rassisch definierten Feinden das Leben schwer. Mit ihren eigentlichen Zielsetzungen drangen sie aber lange Zeit nicht durch. Die Implementierung ihrer großen Neuordnungsvisionen scheiterte bis Anfang der 1940er Jahre an der Beharrungskraft autoritärer Regierungen, die in den Faschisten – bei allen ideologischen und politischen Schnittmengen – letztlich doch tödliche Konkurrenten sahen, die man besser an die kurze Leine nahm[57].

In den Untergrund gedrängt oder unter Quarantäne gestellt, bedurfte es schon besonderer Bedingungen, dass die Faschisten in Südosteuropa schließlich doch noch eine Hauptrolle spielen konnten, von der sie lange geträumt hatten. Diese Sonderbedingungen schuf das nationalsozialistische Deutschland mit einem Krieg, der einer Revolution gleichkam und Grenzen ebenso obsolet werden ließ wie gewachsene ethnische oder kulturelle Strukturen[58]. In Bukarest zog die Legion „Erzengel Michael" 1940 für kurze Zeit in die Regierung ein, ein Jahr später kamen in Kroatien mit deutscher und italienischer Hilfe die Ustaše an die Macht; 1944 avancierten dank Hitlers Invasion in Ungarn sogar noch die Pfeilkreuzler zur Regierungspartei. Die Folgen waren verheerend: Das rassistische und antisemitische Fieber war in diesen Ländern nach dem Ersten Weltkrieg parallel zur Verschärfung der ethnischen, sozialen, politischen und religiösen Gegensätze überall gestiegen. Externe Faktoren spielten dabei zunächst keine Rolle, äußere Einflüsse scheinen erst Ende der 1930er Jahre spürbar geworden zu sein, als sich die autoritären Regierungen in Budapest, Bukarest und Belgrad am Deutschen Reich zu orientieren begannen und als nicht zuletzt die faschistischen Bewegungen in diesen Ländern ihre Verwandtschaft mit den Nationalsozialisten entdeckten – und immer aggressiver auftraten. Vor allem Juden und andere Minderheiten sahen sich einer immer schärferen Verfolgung ausgesetzt, wobei diese Anfeindungen fast überall in antijüdischen Gesetzen gipfelten, die vielfach deutschen Regelungen – vor allem den Nürnberger Gesetzen – nachempfunden waren[59]. Expliziter Druck aus Berlin spielte dagegen keine ausschlaggebende Rolle; diesbezügliche Behauptungen stehen fast immer auf den tönernen Füßen mangelnder Evidenz.

---

[57] Vgl. Woller, Faschistische Herausforderung, passim.
[58] Zur Bedeutung des nationalsozialistischen Krieges als Katalysator faschistischer Gewalt vgl. Dieter Pohl, Unter deutscher Herrschaft. Revisionismus, Rassismus und Gewalt bei den osteuropäischen Bündnispartnern des Dritten Reichs, in: Klinkhammer/Osti Guerrazzi/Schlemmer (Hrsg.), „Achse" im Krieg, S. 244–254.
[59] Vgl. Heinen, Rumänien, der Holocaust und die Logik der Gewalt, S. 15; Korb, Schatten des Weltkrieges, S. 145; Szöllösi-Janze, Pfeilkreuzlerbewegung, S. 241.

Druck war lange Zeit auch nicht nötig. Die autoritären Regierungen wussten ohne „Nachhilfe", was man von ihnen erwartete; sie ergriffen aus eigenem Antrieb die Chance, unliebsame ethnische Minderheiten wie die Roma und Juden an den Rand zu drängen, zu drangsalieren und – wie im Falle Rumäniens und Kroatiens – in die Vernichtung zu treiben. Erst als sich das Kriegsglück wendete und die NS-Führung die „Endlösung der Judenfrage" trotzdem zum letzten, fanatisch verfolgten Ziel erhob, wachten die regierenden Eliten auf und rückten von den eigenen und den noch viel radikaleren deutschen Plänen ab[60]. Für die faschistischen Bewegungen in diesen Ländern galt dies in der Regel nicht; auch von den italienischen Faschisten besann sich nur ein Teil eines Besseren. Von deutscher Seite ermuntert oder auch nicht, hatten dort die radikalsten Elemente die Oberhand gewonnen. Die Präsenz von Hitlers Truppen, sei es als Besatzungsarmee, sei es als weit überlegener Bündnispartner, schuf die Bedingungen für diesen Radikalisierungsprozess im faschistischen Lager. Die Nationalsozialisten ließen dem Reinigungs- und Abrechnungsfuror ihrer „Verwandten" freien Lauf; vielfach brauchten sie diese zu weiteren Taten weder anzuspornen noch anzutreiben. Die autochthonen Faschisten brannten ohnehin vor Aktionsdrang und dienten sich nur zu gerne den Deutschen an, denen sie in puncto Brutalität in nichts nachstanden[61].

5. Eine neue Deutung des Faschismus?

In der Debatte über Faschismus, Rassismus und Antisemitismus ist immer wieder darauf verwiesen worden, dass die radikal-biologistische, (pseudo-)wissenschaftlich begründete Utopie der Nationalsozialisten in dieser Form von den faschistischen Brüdern und Schwestern in anderen Teilen Europas nur bedingt geteilt worden sei. An dieser Feststellung ist viel Wahres, doch verstellt sie den Blick darauf, dass es in der zweiten Hälfte der 1930er Jahre zu einer Radikalisierung vieler faschistischer Gruppierungen gekommen ist und dass nach den Siegen der Wehrmacht zwischen 1939 und 1942 eine Situation entstand, in der unter deutscher Hegemonie eine vollständige politisch-ethnische Neuordnung des europäisch-mediterranen Raums möglich schien. In dieser scheinbaren Stunde Null[62] flossen die unterschiedlichen

---

[60] Vgl. Woller, Faschistische Herausforderung, S. 232; zu Rumänien vgl. Glass, Deutschland und die Verfolgung der Juden, S. 230–265.
[61] Vgl. Christopher Hale, Hitler's Foreign Executioners: Europe's Dirty Secret, Stroud 2011.
[62] Wie Pohl, Revisionismus, Rassismus und Gewalt, S. 254, betonte, habe 1941/42 „eine Art moralischer Kollaps" die Achsenmächte erfasst und gleichsam schrankenlose Möglichkeitsräume eröffnet.

autochthonen Quellen von Rassismus und Antisemitismus mit nationalsozialistischer Theorie und Praxis zusammen. Es waren die Deutschen, die als Eroberer, Besatzer oder Verbündete ins Land kamen, ihre ganz Europa umfassenden Vorstellungen von Rasse und Lebensraum im Gepäck hatten und nun vor allem in Ostmittel- und Südosteuropa die Möglichkeit eröffneten, solche Konzepte auch im Kleinen umzusetzen. So entstand eine fatale Allianz, in die sich autoritäre Regime ebenso einbinden ließen wie faschistische und in der den faschistischen Bewegungen vor Ort eine zentrale Rolle zukam: als fünfte Kolonne des Dritten Reichs, als radikalisierende innenpolitische Elemente und als Reservoir für die Rekrutierung von Hilfstruppen für die nationalsozialische Besatzungs- und Vernichtungspolitik[63].

Die Faschisten zeigten im Krieg überall ihr wahres Gesicht als rabiate Rassisten und gewalttätige Antisemiten, denen es bis dahin vielfach lediglich an Entfaltungsmöglichkeiten gefehlt hatte. Unter der formellen oder informellen Führung der Nationalsozialisten erreichte die Massengewalt gegen innere und äußere Feinde eine unbekannte Qualität – gipfelnd in der Ermordung der europäischen Juden. Faschisten aus aller Herren Länder beteiligten sich an diesem Exzess, viele beseelt von fanatischem Nationalismus, viele aber auch, weil sie zu ganz neuen Ufern aufbrechen wollten. Sie fühlten sich als Avantgarde, die alternative Lösungen für die Krise der Moderne aufzeigen konnten – Alternativen, die nichts mit palingenetischen Mythen zu tun hatte oder nur locker damit verknüpft waren.

Diese Befunde können für die Charakterisierung des Faschismus nicht ohne Folgen bleiben – sie müssen aber auch nicht alles umstoßen, was von Ernst Nolte bis Roger Griffin in puncto faschistisches Minimum ersonnen worden ist. Natürlich war der Faschismus vor allem anfangs *auch* Ausdruck eines „palingenetischen Ultranationalismus", und natürlich war er *auch* eine Reaktion auf die kommunistische Herausforderung und die Krise des liberalen Systems. Doch dabei blieb es nicht. Die Antworten, die der Faschismus auf die Krise der Zwischenkriegszeit, ja auf die Krise der Moderne insgesamt gab, resultierten aus einer Metamorphose des Faschismus, die bisher nicht genügend beachtet worden ist: Der Faschismus setzte Liberalismus und Kommunismus eine Alternative entgegen, die sich mit dem Begriff der Neuen Ordnung fassen lässt. Diese dunkle Vision von Lebensraum, rassi-

---

[63] Kallis, Genocide and Fascism, S. 319, stellte dazu treffend fest: „Their role in inciting violence against ‚others' amongst the local population, in assisting the NS authorities in their murderous tasks, in instigating pogroms, and in making all sorts of eliminationist measures possible cannot possibly be exaggerated." Die folgenden Anmerkungen zu den „soldiers of international fascism" finden sich ebenda.

scher Suprematie und Homogenisierung durch Vertreibung oder Vernichtung zielte letztlich – und dies zeigte sich umso deutlicher, je weiter der Krieg fortschritt – auf eine Überwindung nationaler Schranken, ja auf eine Überwindung des Nationalismus im Zeichen von Rassismus, Rassenlehre und Rassereinheit. Faschisten, die sich solchen Visionen verschrieben, dachten längst in Dimensionen, die über den Nationalstaat hinausreichten. Ihr Erneuerungs- und Errettungspathos galt supranationalen Großräumen mit neuen „arischen" Menschen, deren Prototypen sie, die Faschisten, selbst waren. An solchen „Soldaten des internationalen Faschismus" fehlte es auch dann nicht, als abzusehen war, dass das Großdeutsche Reich den Krieg verlieren würde; viele von ihnen kämpften Seite an Seite mit den deutschen Streitkräften bis zur totalen Niederlage.

Für die Forschung gibt es hier noch viel zu entdecken; sie kann das aber nur, wenn sie sich von alten Anschauungen löst und anerkennt, dass Rassismus und Antisemitismus nicht vorwiegend Trennlinien in der faschistischen Welt markierten, sondern im Gegenteil ein gemeinsames Wesensmerkmal darstellten. Faschismus ohne Rassismus und Antisemitismus gab es nicht, Rassismus und Antisemitismus waren keine nationalsozialistische Eigenart, sondern vielmehr die Essenz des europäischen Faschismus in seiner Epoche.

Abkürzungen

AHR	American Historical Review
DAP	Deutsche Arbeiterpartei
DDR	Deutsche Demokratische Republik
DFG	Deutsche Forschungsgemeinschaft
DHI	Deutsches Historisches Institut
EHQ	European Historical Quarterly
ERH	European Review of History
GuG	Geschichte und Gesellschaft
GWU	Geschichte in Wissenschaft und Unterricht
HZ	Historische Zeitschrift
JCH	Journal of Contemporary History
JMH	Journal of Modern History
JMIS	Journal of Modern Italian Studies
MWG	Max Weber Gesamtausgabe
NPL	Neue Politische Literatur
NS	Nationalsozialismus, nationalsozialistisch
NSDAP	Nationalsozialistische Deutsche Arbeiterpartei
ONB	Opera Nazionale Balilla
OUB	Organisation Ukrainischer Nationalisten
PNF	Partito Nazionale Fascista
QFIAB	Quellen und Forschungen aus italienischen Archiven und Bibliotheken
SA	Sturmabteilung
SED	Sozialistische Einheitspartei Deutschlands
SS	Schutzstaffel
THJ	The Historical Journal
TMPR	Totalitarian Movements and Political Religions
TNA	The National Archives, Kew
US(A)	United States (of America)
VfZ	Vierteljahrshefte für Zeitgeschichte
ZfS	Zeitschrift für Soziologie

Autoren

Dr. Maurizio Bach (1953), Professor für Soziologie an der Universität Passau.

Dr. Martin Baumeister (1958), Professor für Europäische Geschichte des 19. und 20. Jahrhunderts am Historischen Seminar der Ludwig-Maximilians-Universität München und Direktor des Deutschen Historischen Instituts in Rom.

Dr. Fernando Esposito (1975), wissenschaftlicher Mitarbeiter am Seminar für Zeitgeschichte der Eberhard Karls Universität Tübingen.

Dr. Emilio Gentile (1946), Professor für Neueste Geschichte an der Universität *La Sapienza* Rom.

Dr. Roger Griffin (1948), Professor für Zeitgeschichte an der Oxford Brookes University.

Dr. Robert O. Paxton (1932), Professor emeritus für Sozialwissenschaft am Department of History der Columbia Universität New York.

Dr. Sven Reichardt (1967), Professor für Zeitgeschichte an der Universität Konstanz.

Dr. Thomas Schlemmer (1967), wissenschaftlicher Mitarbeiter am Institut für Zeitgeschichte München – Berlin und Privatdozent am Historischen Seminar der Ludwig-Maximilians-Universität München.

Dr. Hans Woller (1952), wissenschaftlicher Mitarbeiter am Institut für Zeitgeschichte München – Berlin und Chefredakteur der Vierteljahrshefte für Zeitgeschichte.

Zeitgeschichte im Gespräch

Band 1
Deutschland im Luftkrieg
Geschichte und Erinnerung
D. Süß (Hrsg.)
2007. 152 S. € 16,80
ISBN 978-3-486-58084-6

Band 2
Von Feldherren und Gefreiten
Zur biographischen Dimension des
Zweiten Weltkriegs
Ch. Hartmann (Hrsg.)
2008. 129 S. € 16,80
ISBN 978-3-486-58144-7

Band 3
Schleichende Entfremdung?
Deutschland und Italien nach dem Fall
der Mauer
G.E. Rusconi, Th. Schlemmer, H. Woller
(Hrsg.)
2. Aufl. 2009. 136 S. € 16,80
ISBN 978-3-486-59019-7

Band 4
Lieschen Müller wird politisch
Geschlecht, Staat und Partizipation im
20. Jahrhundert
Ch. Hikel, N. Kramer, E. Zellmer (Hrsg.)
2009. 141 S. € 16,80
ISBN 978-3-486-58732-6

Band 5
Die Rückkehr der Arbeitslosigkeit
Die Bundesrepublik Deutschland im
europäischen Kontext 1973–1989
Th. Raithel, Th. Schlemmer (Hrsg.)
2009. 177 S. € 16,80
ISBN 978-3-486-58950-4

Band 6
Ghettorenten
Entschädigungspolitik, Rechtsprechung
und historische Forschung
J. Zarusky (Hrsg.)
2010. 131 S. € 16,80
ISBN 978-3-486-58941-2

Band 7
Hitler und England
Ein Essay zur nationalsozialistischen
Außenpolitik 1920–1940
H. Graml
2010. 124 S. € 16,80
ISBN 978-3-486-59145-3

Band 8
Soziale Ungleichheit im Sozialstaat
Die Bundesrepublik Deutschland und
Großbritannien im Vergleich
H.G. Hockerts, W. Süß (Hrsg.)
2010. 139 S. € 16,80
ISBN 978-3-486-59176-7

Band 9
Die bleiernen Jahre
Staat und Terrorismus in der
Bundesrepublik Deutschland und
Italien 1969–1982
J. Hürter, G.E. Rusconi (Hrsg.)
2010. 128 S. € 16,80
ISBN 978-3-486-59643-4

Band 10
Berlusconi an der Macht
Die Politik der italienischen Mitte-
Rechts-Regierungen in vergleichender
Perspektive
G.E. Rusconi, Th. Schlemmer, H. Woller
(Hrsg.)
2010. 164 S. € 16,80
ISBN 978-3-486-59783-7

Band 11
Der KSZE-Prozess
Vom Kalten Krieg zu einem
neuen Europa 1975–1990
H. Altrichter, H. Wentker (Hrsg.)
2011. 128 S. € 16,80
ISBN 978-3-486-59807-0

Band 12
Reform und Revolte
Politischer und gesellschaftlicher
Wandel in der Bundesrepublik
Deutschland vor und nach 1968
U. Wengst (Hrsg.)
2011. 126 S. € 16,80
ISBN 978-3-486-70404-4

Band 13
Vor dem dritten Staatsbankrott?
Der deutsche Schuldenstaat in
historischer und internationaler
Perspektive
M. Hansmann
2., durchgesehene Aufl. 2012
113 S. € 16,80
ISBN 978-3-486-71784-6

Band 14
Das letzte Urteil
Die Medien und der Demjanjuk-Prozess
R. Volk
2012. 140 S. € 16,80
ISBN 978-3-486-71698-6

Band 15
Gaddafis Libyen und die
Bundesrepublik Deutschland 1969–
1982
T. Szatkowski
2013. 135 S. € 16,80
ISBN 978-3-486-71870-6

Band 16
„1968" – Eine
Wahrnehmungsrevolution?
Horizont-Verschiebungen des
Politischen in den 1960er und 1970er
Jahren
I. Gilcher-Holtey (Hrsg.)
2013. 138 S. € 16,80
ISBN 978-3-486-71872-0

Band 17
Die Anfänge der Gegenwart
Umbrüche in Westeuropa nach dem
Boom
M. Reitmayer, Th. Schlemmer (Hrsg.)
2014. 150 S. € 16,95
ISBN 978-3-486-71871-3

Band 18
Homosexuelle im Nationalsozialismus
Neue Forschungsperspektiven zu
Lebenssituationen von lesbischen,
schwulen, bi-, trans- und intersexuellen
Menschen 1933–1945
Michael Schwartz (Hrsg.)
2014. 146 S. € 16,95
ISBN 978-3-486-74189-6

Band 19
Entspannung in Europa
Die Bundesrepublik Deutschland und
der Warschauer Pakt 1966–1975
G. Niedhart
2014. 131 S. € 16,95
ISBN 978-3-486-72476-9

Bei Fragen zur Produktsicherheit wenden Sie sich bitte an:
If you have any questions regarding product safety,
please contact:

Walter de Gruyter GmbH
Genthiner Straße 13
10785 Berlin
productsafety@degruyterbrill.com